Mit jeder „APP" wirst mehr zum Depp!

von

ERICH BEYER

„Mit Smart Phone und Internet, zur ferngesteuerten Verblödung"

Herstellung und Verlag:
BoD-Books on Demand, Norderstedt
ISBN: 9783751956161

INHALTSVERZEICHNIS:

Vorwort

Wichtig ist nicht, was und wie man etwas schreibt, sondern, daß man es schreibt. Ich bin kein Schriftsteller, weil mir die Gabe der ausschmückenden und leider nur allzuoft höchst fantasievollen Schriftstellerei fehlt. Ich sehe mich eher in der Position eines Berichterstatters, eines Journalisten. Ein Bericht ist immer noch die ehrlichste Form, um Begebenheiten und Situationen möglichst objektiv in einer lesbaren Art und Weise mit den dazugehörigen Erklärungen darzustellen. So wie es früher einmal die Journalisten dargestellt haben. Aber leider wird heutzutage nur mehr Sensationsjournalismus gebracht, um höhere Verkaufsquoten zu erzielen, dabei steht die Wahrheit eher weit „hinten".

Das habe ich bereits in meinem Buch „Zum Denken verurteilt" geschrieben, wo ich auch bereits meine Meinung kund getan habe, und es mag vielleicht etwas überheblich klingen, wenn ich jetzt aus Horaz' Ars Poetica 365 zitiere:

„Haec placuit semel, haec deciens repetita placebit"[1]

Man kann nämlich gar nicht so oft etwas wiederholen, das es sich der Durchschnittsbürger auch wirklich merkt, geschweige denn diese fünf Kategorien von Menschen.

Meiner Meinung nach gibt es auf der Welt (nicht nur in Österreich) fünf Kategorien von Leuten:

„Nasenbohrer, Kelchfresser, Freaks, Mundls und Ferngesteuerte"!

Vielleicht sollte ich kurz erklären, wie ich zu diesen Ausdrücken und Kategorien gekommen bin, obwohl man sicher noch mehrere Kategorien finden könnte, eine davon habe ich als sechste Kategorie noch angehängt:

<u>NASENBOHRER:</u>

Ich glaube, diesen Ausdruck braucht man nicht weiter zu erklären, und wenn ich an diverse Aufnahmen von versteckten Kameras denke, die ich schon gesehen habe - was dann manche mit den „Rammeln" machen, die sie aus der Nase holen - kommt mir das Grausen. Man könnte sie auf gut wienerisch auch ganz einfach als „Ungustln" bezeichnen.

---

[1] Dieses hat einmal gefallen, dieses wird zehnfach wiederholt gefallen.

KELCHFRESSER:

Ich muß zugeben, dieser Ausdruck ist nicht mir eingefallen, sondern stammt von dem Oberkellner eines Vier Sterne Hotels und Restaurants „Am Tulbinger Kogel". Er bezeichnete jene Leute so, die am Sonntag nachmittag in den Gastgarten kamen, sich ein Cola oder Bier bestellten, und das nur sehr ungern, obwohl sie natürlich die Tische besetzten - und dann die Jausenbrote auspackten und verzehrten, während ihre „Terroristen" (Kinder) im Gastgarten lärmend „Fangen spielten"! Meiner Meinung nach trifft diese Bezeichnung voll zu.

FREAK:

Wenn man sich die Leute heute ansieht, die herumlaufen, ist dieser Ausdruck auf viele zutreffend, obwohl diese als „normal" bezeichnet werden. Er hat nicht allein mit einer körperlichen Mißbildung zu tun, für die kann jemand nichts, und ich würde ihn deshalb nicht als „Freak" bezeichnen, sondern der Begriff steht für alle Verrückten, Ausgeflippten, Exzentriker, Fixer und wunderlichen grotesken Typen, die „frei" herumlaufen. Wer die alte geliftete „Großlippe", die in fast allen Seitenblicken zu sehen ist, mal gesehen hat, weiß was ich meine. Gegen die sind ja „Mausi" und „Mörtel" noch eine „Straferleichterung"!

MUNDL:

Aus der Fernsehserie bekannt geworden, leider aber alltäglich vertreten und eher nicht zum Lachen, sondern eher zum Weinen. Diese Kategorie ist an Stammtischen vertreten und auf der Donauinsel, wo sie mit Handtüchern ihre Stammplätze verteidigt und sich größtenteils für Fußball interessiert, mit sehr begrenztem Horizont. Im Ausland will man dann oft genug im „Boden versinken", wenn man auf seine Landsleute trifft, und Alkoholkonsum dieser Gruppe verstärkt den Eindruck noch. Das ist dann der Zeitpunkt, wo ich nicht sehr stolz bin, ein Österreicher zu sein. Aber wenn ich den Ausdruck „Mundl" nun speziell auf Deutschland münzen müßte, dann könnte man zu jenen Typen vielleicht „deutscher Michl" sagen. Wie es bei „Mundl" den „Wiener" im Ursprung bezeichnet, ist es bei „deutscher Michl" die spöttische und abwertende gebrauchte Bezeichnung für den Deutschen. Der Begriff wurde bereits 1541 in S.FRANCKS „Sprichwörtersammlung" als Bedeutung des ungebildeten, einfältigen Menschen aufgezeigt. In einer Karikatur zeichnet man ihn als

Bauernburschen mit Kniehosen und Zipfelmütze, als Symbol der Einfalt und Verschlafenheit. Bei uns würde man ihn als Hilfsarbeiter mit blauen Arbeitsgewand und Bierflasche zeichnen. Beides steht aber für den gutmütigen und einfältigen Durchschnittsbürger, der sich seiner Machthaber, in unserem Fall der Regierung, nicht zu erwehren weiß.

<u>FERNGESTEUERTE:</u>

Eigentlich fast jeder, nur findet man die am stärksten Ferngesteuerten im Bereich der sogenannten „oberen Gesellschaft", die es aber sicher vehement abstreiten würde. Nur diesen „Ferngesteuerten" der „High Society" oder „Hautevolee[2]" - egal wie man sie nennen mag -, kann man einreden, in sogenannten „In Lokalen" für ordinäre „Krautfleckerln" horrende Summen zu bezahlen und nichts zu sagen, selbst wenn sie warmes Bier serviert bekommen. Durch jene wird meine persönliche Freiheit am meisten eingeschränkt. Nur habe ich wenigstens soviel Selbstvertrauen, daß ganz alleine ich bestimme, welches Lokal „In" ist und welches nicht, und solange ich nicht hingehe, ist es sicher kein „In" Lokal. Aber dieses Selbstvertrauen kann man leider auch nicht mit sehr viel Geld kaufen, und deshalb kann ich die Typen in der „Reisbar" und sonstwo nur mitleidig verachten. Es sind die „Ferngesteuerten", die behaupten mit ihrem freien Willen entschieden zu haben, was sie kaufen: sie kaufen einzig die „Modefarbe" der Saison natürlich, nur weil sie jedes Jahr allein an dieser Gefallen gefunden haben, oder nur die Lieder, die ihnen vom Radio täglich Dutzende Male vorgespielt wurden, die sie aber selber frei ausgewählt haben; wehe man wagt ihnen zu sagen, es wurde ihnen einsuggeriert. Im „Micky Maus Land" habe ich festgestellt, daß der Ausdruck „Schafe" auch voll zutrifft. Hier kommt der größte Hohn zum Vorschein, wenn behauptet wird: „Werbung läßt einem die freie Entscheidungskraft"

Nun habe ich bereits ein großes Problem um einen Namen für die sechste Kategorie zu finden, ohne daß ich hier nicht schon einen großen Teil der Leser, auf das fürchterlichste zu beleidigen. Denn wie soll ich die Leute bezeichnen, die ich hier beschreiben will, um mich verständlicher Auszudrücken, möchte ich Einstein zitieren:

„Um sich in einer Schafherde wohl zu fühlen,
muß man vor allem ein Schaf sein"

---

[2]   franz. Vornehme Gesellschaft

Wie soll ich nun die sechste Kategorie nennen, um zu verhindern, wenn überhaupt von diesen Kategorien von Leuten auf die Idee kommt mein Buch zu kaufen und zu lesen, daß sie das Buch nicht gleich voll beleidigt weglegen? Niemand hat es gerne, wenn ihm jemand einen Spiegel vors Gesicht hält, und er sich dann wirklich selbst erkennt. Und schon wieder muß ich Jean Jacques Rousseau (1712-1778) zitieren:

**„Hüte dich denjenigen die Wahrheit zu sagen,
die nicht imstande sind sie zu begreifen"**

Also fällt es mir hier wirklich schwer, ohne überheblich zu klingen, hier einen Ausdruck zu finden, der nicht voll beleidigend ist, denn mir fällt dazu eigentlich nichts anderes ein. Wäre ich wirklich ein Schriftsteller, der ich aber sicher nicht bin, bestens ein „Berichterstatter", täte ich mir leichter. Ich wage es überhaupt nur, solche Beurteilungen über das, meiner Meinung nach, immer mehr zur totalen Verblödung neigende Volk, weil ich mit meinen nun 69 Jahren, und sicher sehr bewegten Leben, genug Erfahrungen gesammelt habe, um hier Vergleiche anstellen zu können.

INTERMISSION: Im Augenblick sitze ich wieder mal auf unseren Boot, der „Key of life I" in Petite Martinique, wo ich eigentlich versuche, mit genügend Distanz von Österreich und meinen „geliebten" Mitbürgern, an diesem Buch zu schreiben. Leider haben die Umstände, da wieder einmal ein Boot, die „Ocean Royel" in uns rein gekracht ist, und uns wahrscheinlich diesmal einen „Total Schaden" zugefügt hat, nicht dazu beigetragen, daß ich jetzt entspannt an Bord sitze und mich auf das Buch fokussieren kann, sondern mit meinen Gedanken eher bei unseren Rechtsanwalt und Seegericht bin, und überlege, ob wir dieses Mal zu unseren Recht kommen werden, da es ja wieder ein „Hit and run" war. Zum Glück kamen wir eine Woche danach nach Petite Martinique auf unser Boot und somit können wir die nötigen Schritte unternehmen, da sonst wieder niemand da wäre, um für unseren Schaden aufzukommen. Heute jedenfalls war wieder der Independence Day, den sie hier eigentlich privat feiern, am 29.1.2020, denn der offizielle von Grenada ist erst nächste Woche, somit können sie hier zweimal feiern! Leider wurde er ihnen etwas verregnet, obwohl wir seit einer Woche nur Sonnenschein und ganz wenig Wind hatten. Die Geschichte dazu, kann man im Reisebericht meiner Webseite www.segelclub.ankh-refugium.com nachlesen.)

Hier ist jedenfalls die sechste Kategorie, nicht nur der Österreicher, sondern der gesamten Menschheit:

<u>SELFIDOTEN:</u>

Ja, es geht um „Selfies" und natürlich über die Ferngesteuerten die sie machen. Es ist die Ärgste „Pandemie" die hier ausgebrochen ist, auf der ganzen Welt stehen die „Vollkoffer" mit ihren Smart Phones und machen ihre „Selfies" oder starren, ohne auf ihre Umgebung zu achten, auf den kleinen Bildschirm, ohne Rücksicht, wo immer sie sich auch bewegen. Sie klettern sogar über Umzäunungen oder Absperrungen um ein für sie anscheinend wichtiges Selfie zu bekommen. Zum Glück stürzen dann manche ab und kommen ums Leben, womit der Natur wieder gerecht wird und wir einen „Selfidoten" weniger haben. Da sind Leute dabei, die nie in ihrem Leben auch nur einmal einen Fotoapparat in der Hand hatten, die jetzt sinnlos durch die Gegend photographieren, oder ein Selfie mit einem „Prominenten" machen, warum auch immer?

Warum jemand mit einem „Fußball Star", Filmschauspieler oder sogar mit unserer Politikern ein Selfie will, ist mir völlig unerklärlich, solche Leute sollten sich in „Behandlung" begeben, denn warum die so was tun, vor allem wem es was bringt, werde ich nie verstehen können. Nur bei wirklich voller „geistiger Umnachtung" könnte mir so etwas einfallen, und ich hoffe nur, niemals in eine solche Demenz zu fallen, um auf eine solch tiefe geistige Ebene zu sinken.

Der Fakt ist: die Smart Phones wurden zur Geisel der Menschheit und sie verblödet noch mehr, als sie sowieso schon ist.

Wie ich schon in „Zum Denken verurteilt" geschrieben habe, mache ich hier freiwillig Werbung für ein Buch, denn man müßte diese Kategorien dazu zwingen können, von Thomas Wieczorek, sein Buch *„Die verblödete Republik"* zu lesen. Es ist zwar über Deutschland, aber man kann es 1:1 auch für Österreich verwenden.

1.Kapitel: **Selfidoten, mit ihren App's!**

Es ist eigentlich für jeden normalen Menschen unvorstellbar, wie viele APP es schon gibt, und wo für sie alles verwendet werden! Da ich ja früher als Puplic Relations Manager mit eigenem Werbebüro und bei der Zeitung gearbeitet habe, ist es mir natürlich klar, welche wertvollen Information diese Daten von den APP's für diverse Unternehmen sind, wie schon früher bei diversen Kundenkarten, nur nun noch viel Ergiebiger und Informativer, als es sich Orwell in seinem Buch „1984" je vorgestellt hätte.

Schon vor Jahren, als es anscheinend Mode wurde, alles auf seinem Smart Phone zu speichern, aber sicher nicht um Papier zu sparen, waren am Flughafen vor uns in der Reihe, eine Frau, die nicht nur ihr Ticket, sondern die von ihrem ganzen „Anhang", am Smart Phone hatte und wie könnte es anders sein, irgendwas funktionierte nicht. Ihr „Barcode" oder was auch immer, konnte nicht eingelesen werden und somit an die sechs Leute kein Ticket, und hunderte warten darauf, um endlich das Flugzeug betreten zu dürfen. Alles nur weil ein Ferngesteuerter unbedingt seine Tickets am Smart Phone haben muß. Von dem mal abgesehen daß, wenn die Batterie zusammen bricht, das ganze Smart Phone unbrauchbar wird. Wenn man Glück hat, sind vielleicht die Daten aber noch da. Speziell bei den neueren Modellen, wo man ja gar keine Batterie mehr auswechseln kann und man dann ein neues „Smart Phone" kaufen muß! Aber dadurch, daß es ja solche ferngesteuerten Vollidioten gibt, die sowieso, wenn ein neues Modell von ihrem „Handy" raus kommt, dieses sofort kaufen müssen, auch wenn ihr „altes" nicht mal ein Jahr alt ist. Solchen Leuten scheint es einfach zu gut zu gehen, und vor allem gehören sie sicher in eine „Anstalt". Wenn sich jemand um 0300 früh bereits vor einem Geschäft anstellt um als einer der Ersten ein Handy kaufen zu können. Solchen Leuten kann nur jemand ins Gehirn geschissen haben, wobei ich bezweifle, daß bei jenen überhaupt eines vorhanden ist. Sie gehören sicher zu unserer Konsum orientierten Gesellschaft ohne Moral, in der wir uns jetzt befinden und von der ich leider umzingelt bin. Mit „Leben" hat diese Einstellung sicher nichts zu tun. Ich hoffe für sie, daß sie nicht in eine Situation kommen, in der sie feststellen müssen, wie das „Leben" manchmal so spielt! Wer einmal, so wie meine Frau mit einer Diagnose „Krebs" konfrontiert wird, begreift was ich meine und wie viel ihm seine APP's bringen können!

Nun machen sie auch Werbung, damit sie eine APP auf ihr Smart Phone laden, um wirklich alles mit dem Smart Phone überall bezahlen zu können. Damit wissen sie sicher, welcher „Nasenbohrer" wo gekauft hat, aber nicht nur wo, sie wissen Alter, Geschlecht, Ort, Zeitpunkt und vor allem, was sich der Nutzer gerade gekauft hat. Nun diese Vollkoffer sind noch stolz darauf, welche Technik sie da auf ihrem Handy haben. Wie weit diese „Errungenschaften" noch gehen werden, steht in den Sternen, jedenfalls ist es der Niedergang der Menschheit.

Wie verblödet muß ein Volk sein, wenn man ihnen in der Werbung zeigt, daß man mit dem Smart Phone seine Cafe Maschine einschalten kann? Vor allem, sie zeigen jemanden der dabei genau vor seiner Cafe Maschine steht, aber er streckt nicht die Hand aus und drückt auf den Knopf der Cafe Maschine, nein sie haben ihm so ins Hirn geschissen, daß er lieber ein Signal ins „Nirgendwo" sendet, um so „smart" seinen Cafe zu machen! Somit kann man natürlich auch mit dieser „smarten" APP genau wissen, wann der ferngesteuerte Vollkoffer seinen Cafe zu sich nimmt. Dann gibt es für das ganze Haus für alles eine APP. Wenn geht soll man alles damit steuern, damit sie über das absolut verblödete Volk noch mehr Macht bekommen, um alles berechnen zu können, und alle Angewohnheiten schon im vorhinein zu kennen, um ihnen dann jeden Schmarrn einreden und verkaufen zu können. Wir brauchen keinen Haustürschlüssel mehr, sondern sollen mit dem „Handy" aufsperren, in der Hoffnung, daß es auch geladen ist und nicht gerade die Batterie ihren Geist aufgibt. Natürlich wird das alles als total „Sicher" verkauft, es kann nicht „gehackt" werden, oder doch?

Es genügt nicht, daß wir von unseren Stromanbietern gezwungen werden, einen sogenannten „Smart meter" zu installieren, weil angeblich unser alter Stromzähler, der noch immer funktioniert, nicht mehr genügt und wir auf die moderne Technik umsteigen müssen. Vielleicht ist es aber nur, wie schon mal ein Politiker in der Vergangenheit sagte, eine Arbeitsbeschaffung wie im „Dritten Reich"? Eines ist sicher, unser alter Stromzähler konnte nicht „gehackt" werden, nun kann man aus der „Ferne" sehen, wann und wieviel Strom verbraucht wurde. Man kann jede Minute kontrollieren, ob wir zu Hause sind oder nicht, was wahrscheinlich schon ein paar „Hobby Gärtnern" zum Verhängnis wurde, die zu Hause ein paar

Marihuana Pflänzchen hatten. Man sieht ja in der Zentrale genau, daß im täglichen Rhythmus von 20 Stunden oder weiniger, je nach Blütenstand, sich die Lampen eingeschaltet haben.

Mir kann es egal sein, ich habe jede Menge „Joints" geraucht, ich war ja lange genug in der Karibik und viel mit Rasta zusammen, und brauche diesbezüglich keine Angst zu haben, um bei einer Kontrolle noch THC im Blut zu haben. Aber ich finde es trotzdem von unseren System und Gesetz sehr unfair, wenn man in hunderten „Grow Shops" jede Menge Samen, Pflanzen und alles dazu gehörige Equipment kaufen kann. Die Pflanzen offiziell als Zierpflanzen ziehen kann, aber nur bis sie in Blüte kommen und dann sollte man sie vernichten, denn dann sind sie auf einmal verboten! Was soll so ein Gesetz, vor allem wer macht ein solches? Hauptsache der Alkohol bleibt frei, damit wir genug „Weichgesoffene" in Österreich haben können.

Natürlich gibt es jede Menge APP's für die jeweilige Freizeit Gestaltung, vom Puls und Herzfrequenz messen, bis zur richtigen Diät. Dazu bekommt der jeweilige Provider und Produzent dieser APP, auch alle nötigen Informationen über die Gewohnheiten der Benutzer. Wie, wo und wann er seinen Dauerlauf macht, welche Übung er gemacht hat, und alle diese Informationen geben ihnen diese „Ferngesteuerten" freiwillig, und viele bezahlen noch für die APP und deren Benutzung. Es tut mir in der Seele weh, wenn ich bedenke, daß ich von diesen Kategorien von „Menschen" umzingelt bin, die jegliche Art von Freiheit, freiwillig abgegeben haben.

Nicht nur, daß man schon so genügend durch die Handys überwacht werden, leider habe ich schon selber so ein „Smart Phone" weil Samsung mein altes wasserdichtes und stoßfestes Handy nach nur fünf Jahren nicht mehr reparierte. Natürlich bekam ich von meinem Provider „DREI" kein normales wasserdichtes Handy mehr angeboten, weil alle „Nasenbohrer" jetzt ein Smart Phone wollen, somit gibt es kein normales Handy, und schon gar kein Wasserdichtes mehr im Programm. Da ich meinen Vertrag sowieso alle zwei Jahre verlängere, da ich ja bei meiner Nummer 0699 10 77 55 48 bleiben will, die ich seit über 30 Jahren habe, würden sie mir zwar ein Smart Phone, das ein paar hundert Euro kostet gratis geben, aber kein normales Handy um nicht mal hundert Euro. Da es lauter „Vollkoffer" sind die jetzt herum laufen, habe ich als Einzelner keine Chance mehr. Ich soll mich der Masse von „ferngesteuerten Nasenbohrer" anschließen, was ich aber eigentlich nicht will. Nun mußte ich mir selbst, da es „Drei" nicht im Programm hat, ein „CAT" wasserdichtes und stoßfestes Smart Phone kaufen. Da wir ja immer noch lange Zeit am Segelboot sind kann es passieren, daß es mal mehr als „feucht" wird. Natürlich habe ich keine APP installiert, nur sind von Haus aus jede Menge schon vorinstalliert, die ich aber nicht aktiviere und sie ausschalte soweit ich dazu überhaupt fähig bin. Nun ich „surfe" sicher nicht stundenlang im Internet, geschweige denn würde ich irgendwelche Videospiele, schon gar nicht online spielen, aber irgendwann suchte ich mit „Google Maps" eine Gasse, somit habe ich da ja irgend etwas aktivieren und zustimmen müssen, was genau kann ich nicht sagen. Jedenfalls wurde ich und natürlich jede meiner Bewegungen von da an, von irgendeiner Zentrale kontrolliert, und somit, was ich nicht wußte, natürlich auch mein Standort, obwohl ich natürlich schon lange nicht mehr in der APP von „Google Maps" war.

Sehr verwunderlich ist es nicht, weil ja jeder unsere Daten brauchen kann und natürlich auch finanziell verwerten und verkaufen kann. Auf meinen CAT Smart Phone habe ich nicht einmal eine Sprachaufzeichnung. Ja ich kann zwar ohne zu schreiben dem Handy sagen, welche Seite ich im Internet will, aber ich kann, ohne mir irgendwo eine zusätzliche APP runter zu laden, nicht einmal das Smart Phone als Diktaphon benutzen. Also eine wirkliche „Verarschung" von uns als Konsumenten, denn selbst mein 10 Jahre altes Samsung Handy hatte diese Einrichtung drauf, ohne daß ich eine APP runter laden mußte. Mein altes Nokia hatte sogar ein DB (Dezibel- Lautstärke) Meßgerät eingebaut, und auf einem anderen alten Handy konnte ich die Temperatur messen. Jetzt brauchen wir für jeden „Schaass" im wahrsten Sinne des Wortes, eine Registrierung mit allen Daten anmelden und müssen eine APP runter laden. Alle Selfidoten lassen es sich freiwillig gefallen, und freuen sich noch, wenn sie wieder eine neue APP runter laden dürfen. Was ist nur los mit diesem Volke?

Ich war dann sehr verwundert, als ich in Klosterneuburg meine Frau zum Einkaufen zum „Penny Markt" brachte und draußen im Auto

wartete, als auf einmal eine SMS auf mein Handy kam, wo ich gefragt
wurde, wie ich mit dem Einkauf zufrieden war? Da hier die APP wußte, wo
gerade mein Standort war, konnte sie feststellen, daß ich am Parkplatz vom
Supermarkt war. Wenn das nicht die absolute Kontrolle von uns ist, was ist
es dann? Irgendwie habe ich es geschafft, diese Funktion aus zu schalten.
Nur ganz sicher bin ich nicht, ich, oder besser gesagt mein „Handy" wird
sicher weiter überwacht, wo wir dann zur nächsten höheren Stufe kommen,
zu „ALEXA" von Amazon, oder ähnlichen Einrichtungen mit anderen
Namen.

Erschreckend war für mich, daß man sogar eine Dokumentation über zwei
„ferngesteuerten" Familien gemacht hat, wo sie ihnen „Alexa" für einen
Monat „entzogen" um den Leuten zu zeigen, wie das zu einer Sucht werden
kann. Nur kam mir die „Galle" hoch, als sie sogar eine Aufnahme zeigten,
wo die für mich total verblödete Mutter, am Herd Marmelade einkochte
und als Kommentar dann sagte wie sehr ihr „Alexa" fehlt, denn sie hat
keine Uhr und normalerweise würde sie „Alexa" sagen, daß sie ihr sagt
wenn die Drei Minuten um sind, die sie jetzt zum Rühren braucht! Wie
vertrottelt ist denn die Menschheit nun geworden? Wenn das meine Frau in
der TV Dokumentation sagen würde, dann wäre das ein Scheidungsgrund,
solche „Menschen" gehören doch in eine Anstalt, und dürften doch nicht
wahlberechtigt sein. Wenn solche Eltern nun die Vorbilder unserer Kinder
sind, ist es kein Wunder, daß mehr und mehr „Autisten" herum laufen die
Krankheiten haben, die man erst erfinden mußte, die von Smart Phone und
Tablets verursacht werden. Die Finger werden ja lange schon von diversen
Game Boys und Videospielen verkrüppelt. *„Pseudoautismus"* durch
Tablets und Smartphones verursacht, ist die neue Kinderkrankheit. Mit den
Steifen Körper- Hals- und Kopfhaltungen werden sich noch Generationen
von Orthopäden und Chiropraktikern beschäftigen müssen. Ob es den
Augen gut tut, stundenlang auf die kleinen Bildschirme zu starren, wage
ich zu bezweifeln.

Noch erschreckender ist, daß „Alexa" auch dann mithört und auch
wenn man sie gar nicht auffordert noch etwas fragt. Diese Informationen
werden dann von irgendwelchen Mitarbeitern von Amazon in Polen oder
Indien abgeschrieben und natürlich verwertet, um den „Ferngesteuerten"
besser weitere Werbung aufdrängen zu können. Leider werden auch diese

Berichte solche Familien oder Leute nicht davon abhalten, ihre „Alexa“ weiter zu benutzen. Wie wenn es nicht schon genügt, daß man auf jeder Internetseite, mit Werbung verfolgt wird, und das für Wochen nur weil man einmal irgend etwas bei Google oder einer anderen Suchmaschine gesucht hat.

Für diese Werbungen auf Smart Phone oder Internet wird uns jetzt natürlich eingeredet, daß wir ein „5G“ Netz brauchen, obwohl das „4G“ Netz noch nicht überall funktioniert und ausreichend wäre, wenn nicht zig „pop ups“ und Werbungen auf jeder Seite auftauchen würden. Dann kommt es zu langen Ladezeiten, die vollkommen unnötig wären, wenn die Seiten nur wirklich das zeigen würden, was man eigentlich aufgerufen hat. Für meine Webseite www.segelclub.ankh-refugium.com oder www.ankh-refugium.com braucht man nur Sekunden um sie laden zu können, denn bei mir tauchen nicht zig neue „Windows“ mit Werbung drinnen auf und machen die Seite so langsam. Da ich in Klosterneuburg am Rolandsberg keine Kabelverbindung in den nächsten Jahrzehnten bekommen werde, gehe ich mit einer SIM Karte in meinem Router ins Internet, und manchmal brauche ich dann für ein Email und ein Foto mit 3,5 MB fast 10 Minuten bis es hochgeladen wurde. Wieso in aller Welt reden sie dann über „5G“ Netz, wenn sie unfähig sind mir eine Verbindung anzubieten, wo ich halbwegs im Internet was senden kann? Aber klar, auch hier bin ich ein Einzelfall, weil ich nicht in der Masse der ferngesteuerten Nasenbohrer mit schwimme.

Meiner Meinung nach, ist einer der Hauptgründe auf ein „5G“ Netz zu wechseln, daß sich die ferngesteuerten Vollkoffer wieder das nächste Model vom Smart Phone kaufen, um in dem schnelleren Netz arbeiten zu können. Wobei hier der Ausdruck „arbeiten“ sicher falsch interpretiert ist, denn von den „Selfidoten“ die in ihre Handy starren oder in Social Media ihre Meinung, die eigentlich niemand interessiert, sind sicher 90% aller Sachen absolut unnötig. Wobei ich hier schon meine 90:10 Regel anspreche, die ich schon in meinem Buch „Zum Denken verurteilt“ beschrieben habe. Man redet den „Nasenbohrer“ alle möglichen APP's ein, wie „Whats ap“ oder „Twitter“ und wie sie noch alle heißen mögen. Mich persönlich interessiert sicher nicht was Präsident Trump auf Twitter schreibt, aber sicher noch weniger was der Hausmeister vom Zwölfer Haus da „twittert", und schon gar nicht, ob er ein Salami Brot zum Frühstück hatte. Sicher trifft heutzutage, die 90:10 Regel auf alles was da so den ganzen Tag in den Social Medias herum geschickt wird zu. Es sind sicher 90% unnötige und sicher nicht wichtige Meldungen, die da von sich gegeben werden.

Ich habe schon mit „Freunden" diskutiert, warum ich kein „Whats ap" habe, aber sie begreifen einfach nicht, daß ich gar nicht vom Internet abhängig, noch die ganze Zeit online sein will. Von dem einmal abgesehen, was mich das hier in Grenada kosten würde, mit dem Smart Phone online zu sein, wo mir dann jemand ein „Bildchen" sendet, das mich dann 30.-€ kostet, wenn ich die Daten dafür bezahlen muß! Sie machen sich alle so wichtig, aber sind unfähig überhaupt eine Antwort zu geben, die länger als ein Satz ist, aber dafür brauchen sie alle „Whats ap" und „Twitter", das dann genau so wichtig ist, wie wenn ich ein „Selfie" von mir und dem Eifelturm ins Netz stelle. Ich rede hier von meiner eigenen Erfahrung, denn ich schreibe an ca. hundert Leute, Freunde und Clubmitglieder usw. Antworten auf meine Emails von meinen Reisen und Leben, das heißt wirklich einen Kommentar zu meinen Berichten abgeben der länger als ein Satz ist, kann ich sicher auf beiden Händen abzählen. Obwohl eigentlich alle angeblich meine Emails gerne lesen, denn ich mache immer wieder darauf aufmerksam, man soll mir sagen, wenn sie meine Emails nicht mehr bekommen wollen, damit ich sie aus dem Verteiler nehme. Anscheinend genügt da wirklich „Whats ap" und „Twitter", denn mehr hat man sich anscheinend nicht mehr zu sagen. Eines ist sicher, für die Suchmaschinen und Konzerne ist es überaus wichtig zu wissen, welche ferngesteuerten Nasenbohrer ihnen auf „Instagram" „Whats ap" „Twitter" oder „Face book" folgen. Mit diesen Daten wissen sie, wann und wo und vor allem wofür sie sich interessieren

Dann kommt die nächste Kategorie in „Face book", wo man sich gegenseitig Nachrichten versendet und manche „Freunde" haben, die sie nie persönlich getroffen haben oder kennen würden. Wie vertrottelt ist denn so etwas, wer braucht solche Freunde? Vor allem, was ich als totale Frechheit finde und als Zumutung für meine Freunde, daß ich jemanden zwinge, wenn er sich meine Fotos ansehen oder meine Berichte lesen will, daß er sich im „Face book" registrieren lassen muß. Solange ich meinen

Namen noch richtig schreiben kann und nicht unter totaler Verblödung oder Demenz leide, werde ich mich in so ein „Social Media" sicher nicht anmelden, noch jemanden zwingen es zu tun. In meinem zwei Webseiten kann man sich die Fotos ansehen, oder meine Berichte lesen, falls jemand daran Interesse hat, aber sicher ohne das ich jemanden zwinge seine Daten preis zu geben. Vor allem kann dann „Face Book" wieder alles registrieren und sammeln, um noch ein paar Daten über die ferngesteuerten Nasenbohrer zu bekommen und auszunützen.

Leider liest und hört nicht nur Google, Amazon oder sonstwer, bei allem was man im Netz sucht mit, sondern auch sicher das Innenministerium, Polizei oder wie es im Micky Maus den USA heißt, das „Homeland security". Ich hätte großes Interesse einmal in eine der Seiten von den „Taliban" oder „Islamischen Staat" rein zu lesen, denn mich würde interessieren, was die da reinschreiben, daß sie fähig sind und völlig vertrottelte junge Leute dazu bringen, als Soldaten bei dieser Organisation anheuern. Mit welchen Phrasen sie Menschen dazu bringen können um dort mit zu machen, weil ich mir das beim besten Willen nicht vorstellen kann, daß mich jemand dazu überreden könnte. Nur leider wird es mir immer ein Geheimnis bleiben, da ich zugebe Angst zu haben, daß nicht am nächsten Tag die Polizei vor der Tür steht um mein Leben zu „durchleuchten", auch wenn ich da keine Geheimnisse zu verstecken habe.

Trotzdem wird uns eingeredet, ja alles über das Internet zu tun, und es soll weiter ausgebaut werden, so daß der Staat ja jeden Bauern in „Hinterstinkenbrunn" kontrollieren kann, wenn er was tut, oder was kauft, oder was er so im Internet nachlesen will oder sucht. Viele Kabarettisten machen sich in ihren Shows darüber lustig, und das Publikum lacht begeistert darüber, obwohl es eigentlich zum Weinen ist. Das Onlinebanking gehört da auch dazu. Je mehr man nun selber machen kann, um so mehr kann man an Gebühren bezahlen und sie können überall Personal einsparen. Nicht nur, daß die Sicherheitskontrollen immer mehr werden, weil es ja auch immer mehr gibt, die solche Einrichtungen „hacken" wollen, so daß ich jetzt schon eine TAN per SMS brauche um überhaupt in mein Konto zu sehen, ist es ja in Ordnung um eine gewisse Sicherheit zu haben, bei einer Überweisung als Bestätigung, daß es auch wirklich „ich" bin, eine TAN per SMS kommt um die Überweisung zu machen.

Nur wie es jetzt aussieht, will anscheinend die Bank von meiner Frau, die Raiffeisen nun die SMS TAN einstellen, und sie will anscheinend die Leute dazu zwingen, ihre APP auf ein Smart Phone zu laden und nur mehr dort ihre Bankgeschäfte machen zu können. Ich erledige alles von meinem Lap Top aus, wo ich eine normale Tastatur und einen großen Bildschirm habe, wo ich genug sehe und auch die TAN ohne Probleme eingeben kann. Nun, auf einem Smart Phone ist das sicher nicht der Fall, wo ich beim eingeben einer SMS schon Probleme habe und jedesmal mehrere oder falsche Buchstaben eingebe, die ich gar nicht wollte. Vor allem wenn mich eine Bank wirklich zwingen kann, nur mehr mit einem Smart Phone zu arbeiten, dann sollte man das auf jeden Fall beim BVG zur Anzeige bringen, was ich sicher tun werde, falls es wirklich so weit kommt. Ich will sicher nicht dazu gezwungen werden, wieder irgendeine APP auf mein Handy zu laden, nur weil irgendeine Institution noch mehr Informationen über die ferngesteuerten Nasenbohrer haben will.

Jetzt ist genau das eingetreten, was ich befürchtet habe. Für das Push-TAN muß ich mir auf mein Lap Top dafür ein APP runter laden um es benutzen zu können. Nun bin ich nicht nur kontrolliert wenn ich online ins Konto gehe, nein durch die APP am Rechner, wissen sie nun jedesmal wann ich den Computer aufmache, alle Daten und Informationen, denn die APP schreibt sicher alles mit, was die Bank so wissen will.

Das Beste ist aber, die APP funktioniert aber nur mehr mit Windows 8 oder 10, ich habe aber noch Windows 7 Professionell am Rechner, somit soll ich gezwungen werden von „Mirko Saft" das neue System zu laden, was ich aber nicht will. Aus zwei Gründen, ich bin soweit mit dem „7 Pro" zufrieden, aber es ist auch das letzte Windows, wo ich noch virtuell das Windows XP installiert habe und starten kann, das ich für meine CDs zum ansehen brauche. Ich habe etliche Lexika und Enzyklopädien und Programme die seinerzeit pro CD an die 700.- ATS gekostet haben. Die alle kann ich mir dann in den A… schieben, wo sie aber sicher nicht funktionieren. Die alle kann ich dann wegwerfen, weil auf den neuen Windows kein virtuelles XP mehr möglich ist. Also kein online

Banking mehr, oder keine Lexika Programme mehr sehen, oder auf das sch… Smart Phone umsteigen? Das zu der neuen Sicherheitstechnik, auf die ich gerne verzichten kann.

Was natürlich die wenigsten berührt, weil sie ja nicht so ein Leben wie ich (wir) führen und für mehrere Monate in der Karibik am Segelboot sind, denn da sind die hohen Roaming Gebühren für das Smart Phone. Denn falls ich vergesse rechtzeitig meine Datenübertragung bei „Drei" für mein Smart Phone abzuschalten, dann würde mich hier 1 (EIN) MB 15.-€ kosten, also da würden mich Bankgeschäfte mit Überweisung ein Vermögen kosten, bis ich sie erledigt hätte, aber ich bin ein Einzelfall, also werde ich denn „Selfidoten" in Österreich wurscht sein.

Nun gerade heute, (da ich ja teilweise in Echtzeit, Bericht erstatte) Independence Day von Grenada 7.2.2020 bekam ich ein Email von „DREI", daß sie mir eine Grundgebühr vom Handy gutgeschrieben haben, da ich ein langjähriger Kunde bin, und ich mich in den letzten Wochen zig mal beschwert habe, daß ich nicht mal fähig war, eine SMS nach Österreich zu senden, die aber immerhin pro SMS 50 Cent kostet. Als erstes stellten ihre „Techniker" fest, daß meine SMS zu lang waren, was aber sicher mit 85 Zeichen nicht der Fall war, oder die Provider hier, „FLOW" oder „LIME" und mit zig Ausreden und Erklärungen, wer oder was daran schuld sein kann, kam jetzt die Gutschrift und Entschuldigung. Na solange die SMS mit meinen TAN Code ankommen, bin ich zufrieden und kann meine Bankangelegenheiten erledigen. Nur sollte das Ganze ja auch so funktionieren und ich nicht erst vorher zig Beschwerden und Email hin und her wechseln muß.

Was ich noch weniger verstehe ist, wie kann es sein das so viele von den Flüchtlingen, die nach Österreich gekommen sind, bereits ein Smart Phone haben, wo sie doch so „arm" sind? Viele von uns können sich kein Smart Phone leisten, wie können es dann Flüchtlinge, haben die alle ein Konto ohne Roaming Gebühren? Jedenfalls hier in Petite Martinique, das ja zu Grenada gehört, haben die meisten nur Smart Phone mit Wertkarte, da fast niemand ein Konto hat. Wenn es hier eine Rechnung per Monat geben würde, wären sicher alle Handys spätestens nach einem Monat gesperrt!

Wenn ich das hier schreibe, wird man mich wahrscheinlich sofort als Rassisten bezeichnen. Ich weiß aber, daß manche der Flüchtlinge und Asylanten, sogar ein „I Phone" haben, das ich mir nicht leisten kann, wie kann es so was geben? Sie schaffen es auch, ihre „Selfies" in die „Social Medias" zu stellen, damit ihre Flucht auch gehörig dokumentiert werden kann.

Dann bezahlen sogar manche an die 10.000 € für ihre Flucht. Ich kenne wenige Bekannte und Freunde von mir, die so einfach 10.000 € auf der „Kante" liegen haben. Dann werden diese „Gäste" von uns nicht nur verköstigt und gesundheitlich versorgt, nein sie wollen dann noch, daß wir ihre „Kultur" annehmen, nicht umgekehrt! Nur wer dann ihre „Kultur" kennt, weiß, daß wir in ihren Ländern sicher nicht versorgt werden würden, und wenn wir uns nicht nach ihren „Kultur" Vorstellungen richten würden, sicher nicht überleben könnten. Sozialhilfe ist sicher einer der Gründe, warum sie nach Österreich wollen, hier ein Beispiel:
Zwei Erwachsene und vier Kinder einer syrischen Familie bekommen in Griechenland 315.-€ und in Österreich 862.-€
(Quelle Servus am Abend 27.11.2019) Nach einer Studie der Princton Universität wo man feststellte, daß dort mehr Zuwanderung ist, wo Sozialleistungen höher sind.

Viele dieser Migranten, die dann schon österreichische Staatsbürger wurden, und schon Jahrzehnte in Österreich leben, können noch immer nicht richtig Deutsch sprechen, noch einen kompletten Satz formulieren, weil sie im Grunde ihres Herzen nie Österreicher sein wollen, nur das Geld und die Sozialleistungen sind ihnen schon recht. Wenn ich dann in Wien auf der Straße gehe und jemand vor mir mit seinen Smart Phone telefoniert, verstehe ich bei 90% der Leute kein Wort, aber die meisten davon sind schon Österreicher. Dazu gibt es auch einen Spruch:

„Wenn ein Volk seine Sprache verliert, verliert es auch seine Kultur!"

Nur die Leute die keine Ahnung haben, NGO's[3], man möge mich jetzt für blöd halten, aber ich habe immer davon gehört, weil immer über die NGO's geredet wurde, aber ich wußte eigentlich nicht, was dieses Akronym (Abkürzung für non government organisation) bedeutet. Das veranlaßte mich meinen Bekanntenkreis auszufragen, und siehe da, viele wußten eigentlich gar nicht was NGO bedeutet, warum verwenden wir dann solch englische Akronyme überhaupt? Speziell die „Gutbürger", vor allem die haben nicht die leiseste Ahnung, von den Ländern woher die alle kommen, weil sie niemals dort gewesen sind, sehen das anders. Ich muß hier wieder mal Humbold zitieren:

„Die gefährlichste Weltanschauung ist von Leuten, die sich die Welt noch nie angeschaut haben!"

Zu unserer Regierung und System fällt mir vielleicht ein guter Vergleich ein, was gut zur Demokratie und den zu „Österreicher" gewordenen Migranten paßt. Nämlich der Vergleich mit einem der primitivsten Spiele, nämlich Fußball. Dort ist gut zu erkennen, wer wirklich Österreicher ist oder nicht. Nehmen wir ein Spiel wo Österreich gegen die Türkei oder Jugoslawien spielt. Vielleicht sollten da die „Gutbürger" mal zusehen, und dann werden sie feststellen, daß die Migranten, auch wenn sie schon Jahrelang in Österreich leben, sicher nicht für Österreich schreien werden, sondern für ihr „Heimatland", das sie aber verlassen haben, weil es ihnen bei uns wesentlich besser geht. Denn nicht in ihrem Heimatland, sondern bei uns gibt es für sie, Sozialhilfe, mehr Lohn falls sie Arbeiten, Kinderbeihilfe und dazu noch eine Wohnung.

Nun es ist schon schwer hier die Österreicher anzufeuern, denn nach den Namen in der Nationalmannschaft, glaubt man ja nicht gerade, daß da viele Österreicher dabei sind, jedenfalls keine gebürtigen, oder wen wir da aller um Millionen Euro eingekauft haben. Wenn auch die Krankenversorgung in allen Ecken gehörig „kracht" haben wir Millionen für einen Fußballspieler, wie krank ist denn sowas eigentlich?

---

[3] NGO Non government organisation

Was mich an eine Episode erinnert, wo ein Bundespräsident, ich glaube es war Fischer, der David Alaba (hoffe das der Name richtig ist, was aber sicher nicht wichtig ist) in englisch angesprochen hat, wobei er ja damit gar nicht unrecht hat, wenn man bedenkt wie viele unserer Migranten eigentlich nicht deutsch sprechen oder lernen wollen. Wo ich dann daran denke, das englisch nicht gerade die Sprache unserer Präsidenten ist und sie meistens „lächerlich" sind, wenn sie versuchen englisch zu reden. Vom Auftreten rede ich da gar nicht. Denn wenn ich da an Fischer oder Van der Bellen denke, die eigentlich Führungskräfte und als Staatsoberhaupt auftreten sollten, erkenne ich nicht einmal die Spur eines Charismas. Auf die kann ich beim besten Willen als Österreicher nicht stolz sein.

Ihre Ausstrahlung könnte zu einer Aussage von einer Journalistin passen, die einmal zu dem James Bond Darsteller Timothy Dalton sagte, seine Ausstrahlung ist ähnlich einer gebrauchten Herrenunterwäsche. Mir kann es egal sein, ich habe keinen von beiden gewählt, und der Einzige der wirklich gut englisch gesprochen hat, war Waldheim, aber den haben wir ja als „Nazi" verurteilt. Über das habe ich auch schon in meinem Buch „Zum Denken verurteilt" geschrieben.

2.Kapitel: **Energiesparlügen der Regierung!**

Wie die jeweiligen Regierungen ihrem leichtgläubigen und verblödeten Volk jeweils ihre Pläne für das „Energiesparen" einreden und „aufs Auge drücken" können, zeigt die Vergangenheit. Dazu muß man auch so wie ich, schon etwas älter sein und noch fähig sich zu erinnern, was da einem so vorgelogen wurde. Das „Alter" macht nicht unbedingt weise, aber es bringt doch einiges an Erfahrung mit sich. Zum Glück gibt es doch einiges an das ich mich erinnern kann. Fangen wir mal mit dem Heizen an. In meiner Jugend haben ja noch sehr viele Leute mit einem Kohlenofen geheizt, und der Kohlenhändler mußte die 50 kg schweren Kohlen – oder Kokssäcke manchmal vier Stockwerke rauf schleppen. Nun da wurde zwar noch nicht so viel über CO_2 Ursachen geredet, aber man versuchte auch damals schon, von den Kohlen- und Koksöfen wegzukommen. Man machte viel Werbung für die „neue" Generation der Heizölöfen.

Die Kohlenhändler ersparten sich auf jeden Fall viel Arbeit mit der Sack Schlepperei, und es kam eine neue Berufssparte auf den Markt. Nämlich der Heizöltransport mit Tankwagen in jeder Größenordnung. Damit gab es leider auch eine neue Art von Betrug, die von ein paar Lieferanten auch schamlos ausgenutzt wurde. Sie verrechneten bei jeder Lieferung von Heizöl, je nachdem, bis zu 10 Liter Heizöl mehr als sie eigentlich lieferten. Bei der Einlagerung von Kohlensäcken, vom Kohlenhändler ihres „Vertrauens" im Keller, konnte man ihm vertrauen oder auch nicht, jedenfalls konnte man mitzählen, wie viele Säcke Kohlen da in den Keller gebracht wurden. Bei den Heizöltanks war das nicht mehr so leicht, vor allem gab es keine wirklich genaue Tankanzeige und somit waren die Tricks relativ leicht mit denen sie arbeiten konnten. Speziell bei Tanks im dritten oder vierten Stockwerk, wo dann der doch sehr lange Schlauch raufgezogen wurde, der natürlich sicher leer war, und die Tankanzeige am Tankwagen war auf „NULL".

Nun wurde getankt. Der Trick an der Sache war ganz einfach. Es wurden dann die Liter die raufgepumpt wurden angezeigt und auch verrechnet, und natürlich von den Kunden meistens ohne Argwohn und Mißtrauen bezahlt. Aber ich kenne leider ein paar „Freunde" die Heizöl geliefert haben und sich ganz schöne Summen nebenbei verdienten. Denn im Schlauch bis zum vierten Stockwerk rauf blieben etliche Liter drinnen, die sie natürlich bevor sie zur nächsten Kunde fuhren zurück laufen ließen und das summierte sich ganz schön. Öfters wurde ich von meinem „Freund" angerufen, ob ich nicht jemand wüßte, der ein paar hundert Liter Heizöl zum halben Preis kaufen wollte?

Nun kam eigentlich schon der erste Betrug von der damaligen Regierung. Denn man machte ein paar Jahre volle Werbung für Heizölöfen und redete dem Volk ein von Kohlen auf Heizöl umzusteigen, was natürlich auch viele machten und in neue Öfen und Tanks in Wohnungen und Keller investierten. Zum Dank, nachdem genug mit Heizöl heizten, zogen die Heizölpreise an, denn die Regierung setzte sie immer höher hinauf, somit war das vorher „relativ" günstige Heizöl auf einmal sehr teuer geworden und somit auch das Heizen.

Ähnliches Vorgehen machte man dann mit Werbung für Gasöfen. Es wurde wieder die Werbetrommel gerührt, man solle doch auf die viel günstigeren Gasheizungen umsteigen, was auch viele dann machten, da Heizöl zu teuer wurde und in die neuen Gasheizungen investierten. Nun man brauchte nicht lange zu warten, daß auch die Gaspreise fest anstiegen, und man somit dem Volk wieder höhere Kosten aufbrummte, das sich ja in keinster Weise wehren konnte, denn man konnte sich nur entscheiden zwischen heizen oder im kalten sitzen.

Ähnlich schaffte man es, dem blöden Volk einzureden auf den günstigen Diesel bei Autos umzusteigen. Die Autofahrer waren ja schon immer die „Melkkuh" der Nation. Natürlich war auch das Auto das „Lieblingskind" der Österreicher und auch Prestige Sache. Es gab Angebote über Angebote von günstigen Dieselfahrzeugen und das verblödete Volk kaufte wie verrückt Dieselfahrzeuge ein. (Was man uns jetzt über Dieselfahrzeuge sagt, gerade das die „Benutzer" nicht gesteinigt werden weil sie Diesel fahren, brauche ich ja nicht extra erwähnen, oder doch?) Nun es kommt, wie es kommen mußte. Nachdem ein großer Anteil der Autofahrer auf Diesel umgestiegen ist, gingen die Preise für Diesel an den Tankstellen in die Höhe und kosteten dann fast denselben Preis wie der Benzin, wo man doch mit dem Diesel soviel sparen konnte.

So nebenbei schaffte es die Regierung mit dem nächsten „Schachzug" bei den Heizungen. Man redete wieder einmal dem Volk ein nun auf die so günstigen „Pellets" umzusteigen, was auch wieder viele glaubten und auf Pelletsöfen umrüsteten, und wieder kam dasselbe Spiel wie Jahre zuvor. Die Pellets wurden so teuer, das von günstig keine Spur mehr war. Von dem günstigen Heizen, wie von der Regierung versprochen, blieb nichts mehr übrig. Dann ist die „Chuzpe" von diversen Pellets oder Hackschnitzel Heizungen, wenn der Strom ausfällt, sitzt man im kalten, denn ohne Strom funktionieren sie nicht mehr.

Da aber immer mehr an die Fernwärme in den Gemeindebauten, oder anderen Neubauten angeschlossen werden hat man keine Chance mehr irgendwie anders zu heizen. Somit können sie die Heizkosten steigern wie sie wollen. Das verblödete Volk kann nichts mehr dagegen tun, und dann betrügen sie die Leute noch, da beim Ablesen für Heizkörper, Einheiten verrechnet werden, obwohl der Heizkörper nie in Betrieb war. Auch da kann man sich nicht wehren, es wird als „Verdunstung" erklärt, und man muß bezahlen.

Die ärgsten betrügerischen Machenschaften von Regierung, Ministerium und Beamten war aber sicher die verlogene Idee mit den „Energiesparlampen", die nur kompletten Vollidioten, die keine Ahnung von der Materie haben, einfallen konnte. Leider sind hier Abgeordnete durch „Immunität[4]"geschützt. Aber noch ärger ist, daß die Leute die solche Gesetze und Verordnungen erlassen, welche dann von Beamten exekutiert werden, auch durch „Indemnität[5]" geschützt sind. Also kann man eigentlich niemanden der hier gerade egal von welcher Regierung am „Ruder" war, für diese Tat zur Verantwortung ziehen. Wenn es wirklich Gerechtigkeit geben würde, sollte man die Leute die für das Einsetzen von Energiesparlampen verantwortlich waren, öffentlich am Scheiterhaufen verbrennen. Denn der Schaden den sie angerichtet haben, ist nicht wieder gut zu machen, und was es dem verblödeten Volk und Steuerzahler gekostet hat, geht in die Millionen von Euro.

---

[4] IMMUNITÄT Von Lat. Immunis, „frei" von Leistung
[5] INDEMNITÄT Von Lat. Indemnitas „Schadloshaltung"

Was mich hier so anstinkt und wütend macht, die jeweiligen Ministerien und Regierungen geben für Studien egal welcher Art, hundertausende Euro aus. Hier aber wird das Volk „beschissen" mit einer Tatsache, daß Energiesparlampen alles andere als Umwelt freundlich sind. Jeder Elektriker Lehrling weiß bereits im ersten Lehrjahr, das wie bei allen Leuchtstoffröhren, der Belag innen am Glas hochgiftig ist. Energiesparlampen unterscheiden sich hier nur dadurch, daß sie etwas kleiner sind. Die Regierung hat sogar noch die Frechheit, die Glühbirnen zu verbieten und die Leute zu zwingen nur mehr die teuren Energiesparlampen zu kaufen, die ja soviel Energie einsparen. Die angeblichen Stunden, die sie halten sollen werden nicht annähernd erreicht, der nächste Beschiß! Dazu kommt, daß die Entsorgung als Sondermüll noch einmal extra viel Kosten verursacht. Das wird natürlich nicht gesagt. Aber man weiß ja inzwischen, daß an der Entsorgung von manchen Produkten mehr zu verdienen ist, als bei der Herstellung und Verkauf, was ja noch mehr Hohn an der Sache ist.

Weil man mit dem verblödeten Volk ja alles machen kann, werden jetzt die Energiesparlampen wieder eingestellt, und man redet uns die nächste Generation von Lampen ein, nämlich LED! (Leuchtdioden) Was mit den LED aber gemacht wird, ist mir unklar. Denn warum die so schnell kaputt gehen, obwohl natürlich auch „garantiert" wird, sie halten endlos lange, mindestens 5000 Stunden oder mehr. Nur wird hier, meiner Meinung nach, auch wieder ein Beschiß gemacht. Ich weiß aus Erfahrung, da ich in meiner Jugend viele elektronische Schaltungen und Lichtorgeln gebaut und dort viele LED eingebaut habe, daß die aber nach über 50 (fünfzig) Jahren noch immer leuchten und funktionieren.

Dann verstehe ich nicht, warum man meinem Freund beim Kauf seines Mercedes Taxi versicherte, daß er an seine LED in den Heckleuchten die nächsten Fünf Jahre nicht denken muß. Nun sagen kann man ja viel, aber zwei Wochen nachdem die ZWEI Jahres Garantie von Mercedes aus war, ging in der linken Heckleuchte eine LED aus. Natürlich kann man da eine einzelne LED nicht austauschen, sondern braucht die ganze Leuchte neu. Das hat also mit Einbau 300.-€ gekostet. Keine Fünf Wochen später, war auch in der anderen Leuchte eine LED kaputt, somit wieder 300.-€ hinterlegt. Wieso halten meine LED über 50 Jahre, aber beim Mercedes nur etwas über zwei Jahre? Dafür eine Erklärung zu finden ist schwer. Man könnte meinen, was ja viele behaupten, es wird absichtlich ein Fehler eingebaut, damit wir wieder alles neu kaufen müssen, denn bei viele Sachen würde die Reparatur schon mehr als ein Neukauf kosten.

Was mich noch mehr auf die „Palme" bringt ist, als ich irgendwann bei OBI war, um ein paar Solar LED Gartenleuchten zu kaufen, um sie nach Grenada mitzunehmen, wo sie sehr teuer sind, und bei uns auf der Insel natürlich nicht zu kaufen gibt. Da war ich mal sehr verwundert, da es ja schon spät im Jahr war, daß es keine mehr zu kaufen gibt, denn da gibt es keine Saison mehr und im Winter haben sie nicht eine Sorte, die gehen angeblich an den Hersteller retour.

Da sah ich schöne Wandleuchten mit vielen LED drinnen, selbstverständlich geht auch hier keine der LED auszutauschen, sondern wenn eine kaputt geht, kann man damit Leben, oder eine neue Leuchte kaufen! Nur mit dem ist es ja nicht getan. Früher hatte, was für mich kein Problem ist, weil ich auch Elektriker bin, ein Elektriker die Wandleuchte montiert und wenn die Lampe kaputt war, konnte auch ein Laie oder älterer Mensch selbst eine neue Lampe rein drehen. Nur jetzt kann man nicht nur die gesamte Wandleuchte wegwerfen, sondern ein Laie muß sich einen Elektromonteur um mindesten 70.- € die Stunde kommen lassen, der dann die alte Wandleuchte demontiert und eine neue montieren kann. Wenn man Glück hat und die selbe Wandleuchte wieder bekommt, passen sogar die Löcher für die Schrauben noch, sonst kann er mit der Schlagbohrmaschine neue Löcher bohren, und das alles nur weil eine von 10 oder mehr LED kaputt ging, die nicht zu tauschen sind! Da die Wandleuchten ja fix montiert sind, kann man ja nicht einfach aus- und einstecken, sondern sind mit einer Blockklemme fix angeschlossen, wozu man ja einen Fachmann braucht.

Wie können diese neuen „Errungenschaften" und Technik noch mehr vertrottelt sein, als sie nicht jetzt schon sind? Mit ihren Umweltbestimmungen quälen sie die Leute bis aufs Blut. Es werden nur Autos zugelassen die bestimmte Kriterien für die Abgasbestimmungen aufweisen können, sonst werden sie nicht zugelassen oder dürfen nicht importiert werden. Aber sie lassen dafür Autos zu, wo selbst ich nicht fähig bin, eine normale Scheinwerfer Lampe auszutauschen! Bei meinem Honda muß man sogar die Stoß Stange abmontieren um eine Lampe auszutauschen. Also wieso werden die zuständigen Leute, die so was überhaupt konstruieren, nicht „gesteinigt" und die solche Autos in Österreich einführen lassen, gleich dazu? Nein, die Regierungen wollen das verblödete Volk zwingen, für den Tausch einer Lampe zum Mechaniker zu fahren, damit wir ja noch mehr Geld ausgeben für einfache Dinge, die vor Jahren noch ein Kind erledigen konnte. Das wird dann Fortschritt und Technik genannt, ich hätte einen anderen Ausdruck dafür, aber so ordinär will ich im Augenblick nicht werden.

Besonders „In" ist es ja jetzt, daß jeder „Möchtegern" ein Elektro Auto fährt, was ja angeblich so Umwelt schonend sein soll. Überall sollen E-Tankstellen eingerichtet werden. Dabei haben sie alle übersehen, daß seit dieser „run" auf die E-Autos begann, der anfänglich relative billige Strom, nun auch schon wesentlich teurer geworden ist. Von dem Schaden an der Umwelt, was für den Abbau von Lithium und anderen Ressourcen nötig ist, wird eher wenig geredet, nur „Zuckerln" von der Regierung versprochen, die in Jahren das nicht gut machen können, was uns die Autos und ihre Erhaltung am Ende kosten werden.

Das dann nach einem Unfall, ich glaube es war sogar ein Tesla, niemand das Auto entsorgen konnte, da die Batterie so viel Hitze abgab und kurz schloß, und man mußte dann das Auto in einen Container mit Wasser stellen, damit nicht noch mehr passiert. Man kann dann nur hoffen, falls ein Unfall mit einem E-Auto passiert, das immer ein Swimming Pool in der Nähe ist, um die Autos sicher abstellen zu können. Ich weiß jetzt natürlich nicht, wieviel Schaden da bei diesem Unfall passiert ist, vor allem das die Einwirkung des Unfalls sogar bis in die „Tiefen" der Batteriekonstruktion kam. Aber eines ist sicher, wenn an dem Tesla noch irgendwas zu verwenden oder reparieren gegangen wäre, nach dem Wasserbad ist sicher alles wegzuwerfen gewesen, an eine Reparatur ist sicher nicht mehr zu denken, nicht einmal die Sitze könnte man nochmals verwenden. Eines ist sicher, wenn sich dann alle ferngesteuerten Vollkoffer ein E-Auto gekauft haben, werden die Strompreise an den E-Tankstellen genau so ansteigen, wie es bei Diesel der Fall war. Auch da sind die Zahlen wie bei den LED, Angaben die sich wer ausgedacht hat, um dem verblödeten Volk wieder was einzureden. Denn er soll einmal die angegebenen Kilometer fahren, wenn es Winter ist, er die Lichter, Scheibenwischer und die Heizung braucht und sehen wie weit er dann kommt? Hoffentlich hat er eine Ersatzbatterie mit. Was mich noch nachdenklicher stimmt, denn wenn ich bedenke wie lange heute so eine Handy Batterie oder vom Smart Phone hält, wo man bei vielen gar keine Batterie mehr selber tauschen kann, dann zweifel ich stark an, daß es sich jemals amortisiert, denn eine neue Batterie wird dann sicher das teuerste an den E-Autos sein. Aber von dem wird ja nicht geredet, der ferngesteuerte Autofahrer lebt ja in der „jetzt" Zeit.

Wie ich recherchiert habe, hat die Batterie eine Lebensdauer von ca. acht Jahren, dann kostet eine neue Batterie aber den halben Preis eines neuen E-Auto! Also wer gibt so viel Geld für eine neue Batterie aus? Noch ärger, laut einem Bericht, kann Lithium und Kobalt nicht recycelt werden, und die Batterie muß geschrattert, und dann in einem Hochofen verbrannt werden, mit hohen Emission Ausstoß, wo die Umwelt noch mehr belastet wird! Warum sagt man das nicht beim Kauf eines E-Autos dem verblödeten Volk? Die Kinderarbeit bei Abbau von Lithium und Kobalt will ich gar nicht weiter beschreiben, wie kann eine Regierung den Kauf von E-Autos unter dem Vorwand des Klimaschutzes unterstützen und noch fördern? Das ist die nächste und größte Lüge, die uns die Regierung unterjubelt!

Fazit ist: Egal welche Regierung gerade dran war, wir wurden und werden noch immer von hinten bis vorne belogen, was die Einsparung von Energie betrifft. Es ist egal welche Lügen man uns erzählt. Am Ende wird es das verblödete Volk bezahlen müssen solange es keinen Weg gibt, die „Schuldigen", nämlich Abgeordnete, Minister und Beamte, die solche Pläne, wie z.B.: „Energiesparlampen" , verbreiten können und Gesetze und Maßnahmen bestimmen, auch bestrafen kann. Was natürlich nie der Fall sein wird, weil da der Spruch zutrifft.

„Keine Krähe, hackt einer anderen ein Auge aus"

3.Kapitel: **Klimaschützer oder Klimaterroristen?**

Das ist hier die große Frage, wer schützt hier wirklich das Klima? Sicher nicht gut angekommen, sind bei den Autofahrern, die angeblichen Klimaschützer, die dann eher zu „Klimaterroristen" werden, wenn sie bei „Friday for future" halbe Städte blockieren und dafür sorgen, daß tausende Autos riesige Umwege fahren müssen und im Stau stecken. Somit ist eines sicher, da wird noch mehr CO_2 ausgestoßen als im normalen Freitagsverkehr.

Ich weiß ja nicht wie weit, die jeweiligen Interessen der Schulkinder wirklich sind, wenn sie da am Freitag in den Städten demonstrieren gehen? Jedenfalls wäre ich zu meiner Zeit, sicher auch lieber demonstrieren gegangen, als in die Schule. Jedenfalls war es mir da auch lieber als wir „Maikäfer" sammeln gingen, als in der Schule zu sein. Zu meiner Zeit gab es noch so viele Maikäfer, daß sie eine wirkliche Plage waren und wir sie einsammeln gingen um die Ernte und Umwelt zu schützen. Jetzt aber, denke ich, weil ich schon lange nichts mehr von einer Maikäfer Plage gehört habe, haben wir durch die Zerstörung unserer Umwelt schon dafür gesorgt, daß sie nicht überhand nehmen.

Vielleicht wäre es aber gescheiter, wenn die, wie man sie jetzt nennt, „Kids" (für mich immer noch Kinder, und für mich waren sie schon immer Terroristen, einer der Gründe warum ich nie welche wollte), einmal auf ihre Smart Phones verzichten würden? Vor kurzen habe ich in einer Dokumentation gesehen wieviel Energie eigentlich verbraucht wird, wenn jemand für eine Stunde ein „You Tube" Video ansieht. Es ist fast gleich viel wie wenn jemand seine Wäsche bügelt, was da an Energien in den Servern im Internet so verbraucht wird. Also würde es eigentlich mehr bringen, wenn die „Klimaterroristen" statt den Verkehr zu blockieren, auf ihre Smart Phones und Videos verzichten würden. Ja aber das werden sie sicher nicht tun, denn egal was es für Energie kostet, sie werden trotzdem tagelang ihre Online Spiele machen, und millionen „Klicks" für vertrottelte Beiträge im Netz abgeben, weil sie eben auch schon ferngesteuerte Nasenbohrer sind.

Da gibt es natürlich die autistische Greta, die da in der Weltgeschichte herumfährt, und sogar herum segelt, um die Welt „aufzurütteln". Aber man sagt nicht wieviel Energie dann verbraucht wird, wenn sich die sogenannten „Klimaschützer" ihre Beiträge und Berichte vom Internet runterladen und sich die Videos ansehen. Mal ehrlich, ich rede auch sehr gerne, und noch lieber „drücke" ich den Leuten meine Geschichten rein, also ich hätte da kein Probleme damit, statt der Greta in der Weltgeschichte herum zu ziehen und mich noch feiern zu lassen. Hier ist einer der Beweise, wie man es schafft die ganze Welt von Nasenbohrern auf was zu fixieren, daß ihnen eigentlich am Ar… vorbei geht, wie ich schon in meinem Buch „Zum Denken verurteilt" geschrieben habe, was jedem der Umweltschutz wirklich bedeutet. Hier der Auszug:

Als vor Jahren die Bohrinsel „Deep water horizon" von BP zigtausend Tonnen Öl in den Golfstrom laufen ließ und ihn für Jahre verseuchte und einen nicht zu berechneten Schaden in der Region und weiter den Golf Strom entlang, in den ganzen Atlantik der auch vor Europa nicht zu Ende war, machte. Obwohl natürlich die Medienberichte in der ganzen Welt und auch in Österreich über den unermeßlichen Schaden berichteten, kümmerte es die Österreicher herzlich wenig was da passiert ist, man vergaß es relativ schnell, denn wem interessiert es schon, wenn er doch daheim hintern Ofen sitzen kann und sich die nächste „Casting Show" ansieht?

Für mich war es aber schockierend, denn ich weiß wie es aussieht, wenn man am offenen Meer stundenlang durch eine Quadratkilometer große Öl Lacke fährt, aber da handelt es sich bei weitem nicht um Tonnen, sondern nicht mal um hundert Liter. Ich persönlich, fuhr bis Dato nie mehr zu einer BP Tankstelle zum Tanken, obwohl meine Bestrafung für die BP sicher „wurscht" ist, habe ich es gemacht, schon wegen dem Prinzip. Ich muß zugeben, daß ich, wenn ich von meinem Freund Gustav, ein paar „Geschenk Gutscheine" von der BP bekam, ich natürlich dort auch Tanken mußte. Denn dadurch, daß ich ein „Flachgeist" bin, der seit zwanzig Jahren an der Armutsgrenze lebt, kann ich es mir nicht leisten die Gutscheine weg zu werfen.

Nur was mich noch mehr schockierte, ist der Charakter und die Einstellung der restlichen Österreicher. Denn man höre und staune, die BP hat im nächsten und auch in den folgenden Jahren, nicht einen Euro Verlust gemacht, es wurden genau so viel, wenn nicht noch mehr an Treibstoff in Österreich verkauft wie vorher, weil es dem „Durchschnittsbürger" eben vollkommen egal ist, was da mit dieser Bohrinsel verbrochen wurde. Es rannte das Öl ja nicht in seinen Garten oder Wohnzimmer, wo er sich vielleicht doch aufgeregt hätte, also warum soll er dann zu einer anderen Tankstelle oder Marke wechseln? Also wird BP sicher nicht darüber nachdenken müssen, was sie da angerichtet haben, und wird weiter noch mehr Bohrinseln aufstellen und noch tiefer Bohren als bisher. So gesehen haben die Autofahrer, die weiterhin zur BP tanken fuhren, einen Charakter wie ein Gartenschlauch: „Krumm und dreckig"!

Nun das was ich in meinen Reisen mit dem Segelboot erlebt habe, und noch immer erlebe, wird Greta noch ein paar Jahre an Erfahrung sammeln müssen, denn hier auf Petite Martinique, werfen die Locals, immer noch ihren leeren Plastikölflaschen, Colaflaschen und Bierdosen ins Meer und der Klimaschutz kümmert sie recht wenig. Wenn ich dazu was sagen würde, dann würde ich sofort wieder als rassistisch bezeichnet werden, somit lasse ich es lieber. Geschweige denn, würde hier jemanden irgendeine Geschichte von Greta interessieren, eher das Kricket Ergebnis von Indien oder Pakistan.

Also was soll das denn für die Umwelt bringen, wenn Greta mit einem Katamaran über den Atlantik segelt, aber ihre Sponsoren durch die Werbung und Videos davon, mehr Energie verschwenden als wie wenn sie mit einem Flugzeug alleine fliegen würde? Ich glaube, daß ein paar hundert tausend Leute gerne dieses Angebot annehmen würden und eine gratis Reise auf einem Segelboot über den Atlantik machen. Also warum sie über diese Angelegenheit so viel Wind machen, ist mir etwas unklar. Eines ist sicher, Greta oder eben ihre Eltern machen mit der ganzen Klima Sache, jedenfalls genug Geld, denn nur aus Menschenfreundlichkeit und für das Klima, werden sie es sicher nicht machen. Und nochmals, ich stelle mich gerne zur Verfügung, um in der ganzen Welt herum zu reisen, die Hotels und Verpflegung bezahlt zu bekommen, noch nebenbei genug Geld zu verdienen, nur um den Nasenbohrern meine Geschichten über Klimaschutz zu erzählen.

Für mich sind manche dieser Sachen und Aktionen, etwas Paradox und mir ist manchmal sehr unklar, was sie im Enderfolg wirklich bringen sollen. Es ist ähnlich wie mit der Gewerkschaft, die sicher eine gute Errungenschaft ist, um eben den Arbeiter oder Angestellten bei Übergriffen ihres Arbeitgebers zu schützen. Nur wenn ich dann an die Streiks denke, wo man bei einer Fluggesellschaft einen Streik macht, wo dann hunderte von Flügen gestrichen werden, tausende Passagiere Probleme und Verluste von Lebenszeit und Nerven haben. Das Paradoxe daran ist, man will ja hier von der Fluggesellschaft mehr Lohn fordern, aber gleichzeitig macht man ihr einen Schaden von mehreren Millionen Euro. Also wenn das nicht Paradox ist?

Also würde statt bei „Friday for future", es wesentlich mehr bringen, wenn die „Kids" darauf verzichten würden, unnötige, vertrottelte Beiträge im Internet anzusehen oder Tagelang online Videospiele zu spielen und ein paar Millionen Katzenvideos auf „You Tube" anzusehen. Das würde sicher mehr an Energie einsparen, als man sich vorstellen kann und da der Strom ja nicht nur aus der Steckdosen kommt, sondern auch irgendwo erzeugt wird, würde man da sicher auch genug CO_2 einsparen. Nur auf die Smart Phones und Videos will keines von den Kids verzichten. Da gehen sie lieber in der Stadt demonstrieren und Staus verursachen. Vielleicht sollten sie mal darüber nachdenken, statt ins Internet zu gehen?

Das Beste ist ja, daß unsere Politiker, von denen ich sicher keinen gewählt habe, immer davon reden, daß Österreich beim Klimaschutz eine Vorbild Rolle in der EU sein soll. Nein nicht nur in der EU sondern in der ganzen Welt. Wie vertrottelt ist denn eine solche Anschauung? In Polen, das ja zur EU gehört, wird weiter genug Kohle abgebaut, und der CO_2 Level, ist ihnen dabei sicher komplett egal, Hauptsache sie sind in der EU.

Australien hat die größten Kohleabbau Gebiete und macht damit auch das meiste von ihrem Staatseinkommen, also wird es sicher nicht damit aufhören, CO_2 hin oder her. Die USA denkt nicht mal daran sich an etwas zu halten, und von China und anderen Ländern rede ich hier gar nicht. Aber wir sollen eine Vorbildrolle einnehmen? Solche Leute sitzen bei uns in der Regierung und im Parlament und bestimmen über unser Leben, nur dürften sie vom „Leben" wirklich keine Ahnung haben, sonst könnten sie nicht solchen „Müll" (GALIMATHIAS[6]) von sich geben. Wenn ich dann mal in die Sendung „Hohes Haus" rein höre, daß sollte ja das Parlament sein, ist aber eher ein PANDÄMONIUM [7], kann ich nur sagen: „Einen Kübel, mir wird übel" Wer hat Euch denn gewählt?

Dann redet natürlich jede Partei in Opposition, daß es bei der neuen Regierung nur um Postenschacher geht! Ja, aber es ist noch nie um etwas anderes gegangen, alle Ministerien werden neu besetzt, auch wenn die Nachfolger noch größere „Vollkoffer" sind als die Vorgänger und noch weniger Ahnung von der Materie haben. Hauptsache ist doch, daß sich die Koalitionspartei ein paar Sitze unter den Nagel reißen können. Es war nie anders und wird nie anders sein. Bei den Verhandlungen geht es um vieles, aber sicher nicht um das Wohlergehen von Österreich und dem Volk.

REGIERT ZU WERDEN HEISST,
BEI JEDER HANDLUNG, JEDEM GESCHÄFT, JEDER
BEWEGUNG NOTIERT, REGISTRIERT, ERFASST, TAXIERT,
GESTEMPELT, VERMESSEN, BEWERTET, VERSTEUERT,
PATENTIERT, LIZENZIERT, AUTORISIERT,
BEFÜHRWORTET, ERMAHNT, BEHINDERT, BERICHTIGT ...
AUSGENÜTZT, BEHERSCHT, ERPRESST, GEDRÄNGT,
GETÄUSCHT, BERAUBT ZU WERDEN; ALLES IM NAMEN
DES ÖFFENTLICHEN NUTZENS UND DES GEMEINWOHLES.

Zitat des französischen Sozialtheoretikers Pierre-Joseph Proudhon
(1809-1865) aus seinen 1851 erschienen Buch
"Idèe gènèrale de la rèvolution au XIXème siècle"

Fast etwas vom Thema abgekommen, aber leider greift da ja eines ins andere, sowie man ja unter dem „Mantel" des Klimaschutzes und der CO_2 Einsparung in Wien hunderte Radwege gemacht hat. Dazu möchte ich wieder einen Auszug aus meinem Buch „Zum Denken verurteilt" bringen:

---

[6] GALIMATHIAS gr.-frz. Unklares, unsinniges Gerede
[7] PANDÄMONIUM gr. Versammlungsort aller bösen Geister

Als Erklärung dazu, denn ich bin selbst auch Radfahrer. Wie kann man in Wien, fast in jeder schmalen Gasse, wo in einer Reihe die normalen längs parkenden Autos, und auf der anderen Seite noch die schräg Parker stehen, gegen die Einbahn einen Fahrradweg in die Gegenrichtung markieren? Das kann ja nur möglich sein, wenn man dieser Firma extra eine vollkommen unnötige Arbeit zukommen lassen will, wo natürlich damit viel Geld verdient wird, und irgend jemand dafür eine fette Provision bekommen hat. Natürlich bekam diese Firma dafür nur den Auftrag, weil sie gerade in der richtigen Fraktion war, die halt gerade wieder mal das „Sagen" hatte.

Man muß sich diese Situationen in den engen Einbahngassen, ja mal so richtig vorstellen und auf „der Zunge zergehen" lassen. Es ist ja in allen Gassen in Wien, das selbe „Trauerspiel". Aber in diesem Fall nehme ich als Beispiel in unserem „Grätzel" (Fasanviertel) die Hohlweggasse, die parallel zur Fasangasse verläuft, und unten fast an den Rennweg und bis nach oben zum Gürtel geht. Von dem einmal abgesehen, daß wenn ein höheres Auto wie ein SUV oder Kastenwagen durch die Einbahngassen von oder zur Hohlweggasse fährt und es kommt ihm ein Radfahrer entgegen, er auf jeden Fall, vom Außenspiegel, eine schallende „Ohrfeige" bekommen, bis dahin, daß ihm der Kopf abgerissen würde, wenn das Fahrzeug auch die 30 km/h in der Gasse einhalten würde, weil es sicher nicht breit genug ist, ohne dabei die schräg Parker zu beschädigen.

Aber über diese Situation rede ich jetzt gar nicht, sondern wie sinnvoll diese Regelung sein soll, und ob mir das der verblödete Politiker, der das entschieden hat, bitte erklären könnte. Denn nehmen wir mal an, ich will irgendwo von der Mitte der Hohlweggasse in Richtung Fasangasse fahren, dann will ich, oder muß ich mich ja entscheiden, ob ich nach runter zum Rennweg, oder nach rauf zum Gürtel will, denn geradeaus weiter kann ich ja spätestens beim botanischen Garten nicht mehr, denn dort steh ich an der Mauer an, auch als Radfahrer. Also kann ich mich ohne Probleme vorher entscheiden, ob ich die Einbahngasse in Richtung Fasangasse weiter unten, oder die andere Einbahngasse weiter oben zum Gürtel hin nehme, und ich brauche dazu sicher keinen Fahrradweg genau in der Mitte gegen eine andere Einbahngasse! Und wenn diese Entscheidung ein Radfahrer nicht treffen kann, dann müßte man ihm selbst das Radfahren verbieten, oder nicht? Also da sind sicher 90% all dieser vertrottelten

Fahrradmarkierungen absolut unnötig und es hätten sicher Millionen von Steuergeldern gespart werden können. Leider hat man sicher keine Chance mehr, wie das von den Parteifreunden seinerzeit geregelt (gemauschelt) wurde. Aber da ich es gut genug weiß, wie das mit den Aufträgen gehandhabt wird, bin ich sicher, daß wir ohne die Fahrradmarkierungen in engen Gassen ausgekommen wären.

Leider bekam ich keine Auskunft von irgendeinem Amt, was eigentlich das Aufstellen von zig Tausenden „Nachrangtafeln" gekostet hat, da ja in jeder Einbahn, wo in die Gegenrichtung ein Fahrradweg markiert wurde, bei der Einfahrt in die Einbahn, die aber jetzt auch als Ausfahrt für die Radfahrer dient, <u>nur für die Radfahrer</u>, eine Nachrangtafel aufgestellt wurde. Dazu gab es leider keine Aussage über den Preis, aber sicher war eine befreundete Firma von der jeweiligen Partei an dem Auftrag interessiert und hat genug daran verdient.

Aber wie sagte schon Plato:

„Wer in der Demokratie die Wahrheit sagt, wird von der Masse getötet!"

4.Kapitel: **Ab wann wird man zum Rassisten?**

Bei uns in Österreich wird man sofort als Rassist bezeichnet, auch wenn man die Wahrheit über unsere Migranten, Asylanten und Flüchtlinge sagt, also bin ich in den Augen der „Gutbürger" sicher einer. Aber wenn ich gewisse Situationen in Österreich sehe, kann ich nicht anders. Ich möchte wieder kurz aus meinem Buch „Zum Denken verurteilt" zitieren:

Jedenfalls, würde hier in Grenada, ein Migrant, zugewanderter, eingebürgerter keine Chance haben wie bei uns, denn wenn ich ein Jahr oder so, zurück denke, wo sie für die türkischen Wahlen, sogar in Österreich die Werbetrommel rührten, und ich in Altmannsdorf im Gemeindebau, am Balkon eine riesige türkische Fahne hängen sah, dann kommt mir die „Galle" hoch. Denn das finde ich für eine Zumutung, wenn diese „österreichischen Türken" die Frechheit haben, eine Wohnung von unserem Staat zu bekommen, und in Österreich leben und arbeiten können, dann sollen sie mit ihrer Fahne dorthin zurück kehren, wenn sie so stolz auf die Türkei sind! Es ist gleich zu setzen, einem wirklichen gebürtigen Österreicher ins Gesicht zu spucken!

Wie weit es bei uns in Österreich mit der „Zuwanderung" gekommen ist, und wieviel die Kriminalität dadurch zugenommen hat, ist auch wieder ein Geheimnis. Denn auch dazu bekommt man weder Zahlen noch Namen, natürlich nur wegen dem Datenschutz. Aber wenn ich hier so die Fakten ansehe was so passiert, ist es für mich erschreckend:

23.11.2019
22 Jahre alter Serbe geht mit Axt auf Autofahrer los, am Margaretengürtel und verletzt zwei Polizisten.
25.11.2019
Zwei Slowaken ausgeforscht die 13 Bankomaten gesprengt, und 11 (elf) Luxusauto gestohlen haben.
27.11.2019
In Linz wird 17 Jahre alter Afghane wegen Halsstich, am 19.5. verurteilt.

Bezirk Afghane sticht seine Frau nieder, tot. Es bleiben fünf Kinder
Quelle ORF

Hier handelt es sich natürlich um schwere Verbrechen, die ich hier aber auch Seitenweise fortsetzen könnte. Aber was sich in der allgemeinen Kriminalität im Alltag tut möchte ich wieder aus meinem Buch zitieren:

Seit der Ostblocköffnung, stieg die Kriminalität in der SCS um HUNDERTE von Prozenten mit Ladendiebstählen und natürlich Taschendiebstahl am laufenden Band! Meine Nachforschungen mit den zuständigen Beamten der Sicherheitsbehörden in der SCS ergaben schockierende Ergebnisse, es gab noch nie zuvor so viele Protokolle, die aufgenommen wurden in der ganzen Geschichte seit der Eröffnung der SCS. Verständlicherweise will natürlich keiner der Beamten seinen Namen preisgeben, um nicht seinen Job zu verlieren, nur könnte man es anhand der Polizeiprotokolle sehr leicht beweisen, wenn jemand von unserer Regierung daran Interesse hätte, was aber sicher nicht der Fall ist. Warum denn dem „blöden" Volk die Wahrheit sagen und sie aufklären?

Zu diesem Thema möchte ich noch kurz einen Teil von meinem Buch einfügen, wo nicht nur ich sondern auch andere dazu Stellung nehmen:

Unsere Religion wird bald nur mehr von Migranten bestimmt werden, und es gibt Diskussionen ob wir in der Schule ein Kreuz aufhängen dürfen, und wir sollen uns anpassen, nicht die wir in unserem Land aufgenommen haben. Wie verblödet sind wir eigentlich, daß wir uns so etwas gefallen lassen? Und die Kinder von ihnen leben fünf Jahre in der Türkei oder Jugoslawien und können dann in der Schule kein Wort Deutsch. Wie kommen wir dazu, daß von 30 Schülern bereits 25 kein Deutsch können und somit unsere auch nichts lernen können?

Wenn man so was schreibt, wird man natürlich sofort als „rechts" eingestuft, auch wenn es die Wahrheit ist, aber daß die Ostöffnung für uns, und für ganz Europa nicht gerade das „gelbe vom Ei" war, habe sicher nicht ich, als Erster geschrieben. Wesentlich gescheitere als ich, haben ganze Studien darüber gebracht, und viele haben es bereut, dazu überhaupt zugestimmt zu haben. Genau wie uns die EU sicher nicht den Vorteil brachte, was man dem verblödeten Volk noch immer einzureden versucht.

*In den „Sieben Todsünden der EU" kann man nachlesen, das in
den 27 EU Staaten, im Jahr 2008 von Migranten 31,8 Milliarden € in ihre
Heimatländer transferiert wurden, somit nicht in dem Land ausgegeben
worden, wo es verdient wurde, und vor allem wo die Sozialleistungen voll
ausgenützt wurden.*

Ebenfalls ist die Stimmung gut erklärt, warum nun doch nicht mehr
so viele von der Ostöffnung begeistert sind, ich zitiere wörtlich:

*„Die armen Verwandten standen vor der Tür, (in unseren Fall, die
Migranten, Asylanten und Flüchtlinge) gezeichnet von widrigen
Lebensumständen. Die Familie konnte sie nicht einfach draußen lassen,
(was bei uns auch wieder nicht der Fall ist, denn sie sind nicht mit uns
verwandt) also bat man sie herein. Aber die Verwandten, statt bescheiden
am Eßtisch Platz zu nehmen und zu warten, bis man ihnen etwas anbot,
gingen stracks in die Küche, räumten den Kühlschrank aus und fläzten sich
mit einer Flasche Bier aufs Wohnzimmersofa. Einige von ihnen
telefonierten dauernd mit irgendwelchen Freunden in Amerika, auf Kosten
des Hauses natürlich. Und der kleine stämmige Onkel mäkelte herum,
warum denn im Wohnzimmer kein Kreuz hänge, er habe gedacht, das sei
ein christliches Heim. Am nächsten Tag geht man in die Arbeit und dort
wird einem mitgeteilt, daß man gefeuert ist. Die Verwandten waren früher
aufgestanden und hatten dem Chef angeboten, den Job für ein Drittel des
Lohnes zu machen. Man geht nach Hause, verriegelt die Tür zweimal und
schwört sich bitter, nie wieder Verwandte einzuladen. "*

So das Gefühl beschrieben das viele Bürger im Jahre 2005
gegenüber der Osterweiterung hatten. Dabei waren da wenigsten doch
wirklich „Verwandte" dabei, wie die von Ost- Deutschland, die wenigstens
Deutsch sprachen. Nur uns wird eingetrichtert, wir sollen tolerant sein, und
wir sollen uns anpassen, und unsere Kultur vergessen, denn die bekommen
mehr Rechte als wir geborenen Österreicher, und wehe man sagt etwas
gegen sie, dann ist man sofort der „rechte" böse Rassist.

Ok, das war wieder eine Wiederholung von meinem Buch „Zum
Denken verurteilt". Aber ich glaube doch, daß man diese Dinge gar nicht
oft genug wiederholen kann, bis sie die NGO's und „Gutbürger" endlich
einmal kapieren. Aber ich glaube nur eine Gehirnwäsche würde bei denen

was nützen, wobei ich nicht sicher bin, ob bei ihnen überhaupt ein Gehirn installiert ist, weil dann würden sie einmal über unsere Situation in Österreich besser nachdenken, was bis Dato sicher nicht der Fall ist. Vielleicht ist es an der Zeit, endlich bei uns mal die Türe zu verriegeln!

Es sollten sich die „Gutmenschen" einmal ansehen, wie es in Lignano vor zig Jahren ausgeschaut hat, als dann die "Flüchtlinge" aus Albanien aufgenommen wurden! Die Kriminalität stieg um das Zigfache, und die Appartements, Freizeitanlagen und Parks waren verwüstet und verdreckt und das war dann der "Dank" der Flüchtlinge, und es wird hier nicht anders sein. Vor allem haben wir hundertausende wirkliche Österreicher die unter der Armutsgrenze leben, aber die bekommen weder eine Wohnung noch sonst eine Unterstützung.
Bei uns kommen aber Flüchtlinge illegal ins Land und fordern dann eine kostenlose Unterkunft und Verpflegung. Wieso bekommen es unsere eigenen Leute nicht? Für Flüchtlinge wird pro Tag mindestens 21.-€ ausgegeben. Aber z.B. ich, da ich lange Zeit im Ausland am Segelboot war und vorher nur halbtags gearbeitet habe, bekam nur 11,92€ pro Tag und niemand bezahlte meine Unterkunft, Heizung oder anderes, obwohl ich sicher mehr eingezahlt habe als alle Migranten und Flüchtlinge, denn sonst würde ich von Österreich überhaupt keine Unterstützung erwarten können. Aber die eigenen Leute interessiert das System anscheinend nicht!

Nun es hat sich seither in Österreich sicher nichts zum Guten gewendet, eher das Gegenteil ist der Fall. Nun wie ich ja schon Humbold zitiert hatte, und ich wirklich schon viel von der Welt gesehen habe, aber nicht weil ich dort 14 Tage im Urlaub war, glaubte ich das letzte Mal im Penny Markt beim Einkaufen, ich wäre in Venezuela.
Das die „Terroristen" (Kinder) unserer Migranten durch die Gänge liefen ohne das sie von den Eltern irgendwie zurück gehalten wurden und die anderen Leute beim Einkaufen terrorisierten, was nicht einmal die österreichischen Kindern von den „Mundels" und „Nasenbohrer" von ihren Eltern erlaubt bekommen hätten, schockte mich eine Tatsache die ich sah. Ich glaubte anfänglich gar nicht was ich sah, aber ich gebe zu, daß ich ab und zu gerne Schokolade esse, und deshalb auch eine „Milka" einkaufte. Da dachte ich schon, wie weit sind wir in Österreich gekommen? Die Milka um 90 Cent war bereits elektronisch gesichert. Also wird bei uns

schon so viel in den Supermärkten gestohlen, wie in den Ländern, von wo unsere „Gäste" auch immer herkommen.

Natürlich gibt es dazu natürlich von keiner Seite, Amt oder Polizei dazu Namen, die eventuell die Herkunft der Diebe aussagen könnten, und es wundert mich schon manchmal, das die Kassiererin wenigstens Deutsch spricht, obwohl man Deutsch beim Penny im 3. Bezirk schon sehr wenig hört. Warum sollten sich den unsere Migranten bemühen unsere Sprache zu lernen, das Geld bekommen sie ja trotzdem von unserem Staat.

Man verurteilt bei uns Leute, die irgendwelche Liederbücher von ihren Eltern zu Hause haben, die angeblich eher „rechts" gerichtet sind, was immer das bedeuten mag. Wahrscheinlich wird jemand sofort „gesteinigt" weil er seine Lebenszeit verschwendet und „Mein Kampf" lesen will. Wenn er das Bedürfnis hat, warum soll er es dann nicht tun, oder sind wir eigentlich auf derselben Stufe, wo im „Dritten Reich" gewisse Bücher verboten wurden und öffentlich verbrannt? Ich sehe da eigentlich nicht viel Unterschied dabei, obwohl ich sicher weder das Bedürfnis habe „Mein Kampf" zu lesen, noch aus den Liederbücher was zu singen. Aber man sollte das sowieso verblödeten Volk, doch tun und lassen was sie wollen.

Wir lassen ja auch zu, daß unseren Frauen die Rechte wieder entzogen werden, für die sie seinerzeit gekämpft haben. Aber jetzt dürfte es „in" sein zum Islam zu gehören, da paßt sicher genau der Spruch von Karl Marx:

„Religion ist Opium für das Volk"

Das Kopftuch es lebe hoch, da kann man „ferngesteuerte" noch besser erkennen, als sonst, oder was kann es sonst bedeuten. Egal ob jemand einer Religion oder einer Partei angehört, er muß eben an etwas glauben, was ihm jemand einredet. Was eigentlich das Beste am Kopftuch ist, ich habe da in meinen Archiven ein PDF mit vielen selten Fotographien und unter anderem, ein Foto von Osama bin Laden und seiner gesamten Familie, insgesamt 22 Personen, darunter sind 11 (ELF) Frauen und nur eine einzige, anscheinend die älteste, hat ein Kopftuch auf!

CUIUS REGIO, EIUS RELIGIO:
Wer das Land beherrscht, bestimmt die Religion seiner Untertanen!

Leider ist es bei uns in Österreich nicht mehr leicht zu bestimmen, welche Religion wir eigentlich haben, unsere „Gäste" scheinen ja schon zu bestimmen, ob wir ein Kreuz in unseren Schulen aufhängen dürfen?

Ja man hat uns schon voll ins Hirn geschissen, das ist Tatsache! Wir sollten das in ihren Ländern versuchen, man sollte unsere „Gutbürger" einmal für eine Zeit dorthin senden, wo sie dann ihre Rechte suchen könnten. Wie sie sich dann wohlfühlen würden, in Ländern mit „Menschen" die Frauenrechte mit Füßen treten?

Das hat alles nichts mehr mit der sogenannten „Religionsfreiheit" zu tun. Wir müssen uns nach unseren „Gästen" richten, sonst sind wir Rassisten, und wir sollen unsere Freiheit einschränken, nicht die Migranten, wie weit wird es noch kommen. Um da Benjamin Franklin zu zitieren:

„Wer Freiheiten aufgibt um Sicherheiten zu gewinnen, verdient weder Freiheit noch Sicherheit"

Ich könnte hier natürlich alles was ich bereits unter dem Kapitel: Rassismus in „Zum Denken verurteilt" geschrieben habe, hier rein kopieren, aber da ich das ja schon als meine Meinung in 17 Seiten geschrieben habe, werde ich es hier nicht wiederholen. Aber wenn es wer wissen will, soll er sich mein Buch kaufen und lesen, was ich bezweifle. Nur das Schreiben von einem Australischen Minister, mit dem er seine Meinung den „Gästen" in diesem Land ausrichten ließ, will ich auch hier rein stellen:

„Get the f.... hell out of here" Verschwindet aus unseren Land!

Wenn ihr die Werte in Österreich nicht wollt und lieber unter der Islamischen Scharia oder statt in einer Demokratie in einer Theokratie[8] leben wollt, dann ist Österreich nicht das richtige Land für Euch!

Es werden bei uns nicht zwei verschiedene Gesetze praktiziert und schon gar nicht religiöse Gesetze! Unsere Gesetze wurden in einer Demokratie und vom Parlament in unabhängigen Gerichten gemacht. Wenn Ihr es vorzieht unter islamischen Gesetzen zu leben, dann habt ihr die Möglichkeit in ein Land zu gehen wo sie praktiziert werden, und wenn ihr mit unseren Gesetzen und Religion nicht einverstanden seid, steht es

---

[8]   THEOKRATIE gr. polit. System, in dem relig. Amtsträger als Stellvertreter Gottes die Herrschaft ausüben, wie z.B. im Judentum

Euch frei zu verschwinden, vielleicht wäre das die besser Lösung für Euch. Nochmals grundlegend gesehen, wenn Ihr unsere Gesetze und Religion nicht akzeptiert und so leben wollt, verschwindet aus unserem Land!

„Einwanderer, nicht die Österreicher, müssen sich anpassen!"
Haben das unsere Politiker auch gelesen und verstanden?

Entweder Einwanderer nehmen Österreich, wie es ist, oder sie lassen es und bleiben fern von uns. Ich habe genug davon und bin sicher nicht der Einzige, der „müde" davon ist, andauernd auf Ausländer, ihre Religion und Kultur Rücksicht zu nehmen und bei jedem Wort aufpassen zu müssen, um nicht ein ausländisches Individuum damit zu beleidigen und als Rassist bezeichnet zu werden.

Wenn Ausländer mit der Vorstellung nach Österreich kommen, bei uns ein besseres Leben zu haben als in ihrer Heimat, dann sollen sie aber auch nach unseren „Spielregeln" spielen. Leute, die in unser Land kommen, oder Ausländerkinder, die bereits hier geboren wurden, sollten das lernen und verstehen.

Die Idee, daß Österreich eine multinationale Gesellschaft wird, kann nur funktionieren, wenn unsere Unabhängigkeit und nationale Identität dabei nicht untergraben wird. Als Österreicher haben wir unsere eigene Kultur, unsere eigene Gesellschaft, unsere eigene Sprache und unseren eigenen Lebensstil.

Unsere Kultur hat sich über Jahrhunderte in Kriegen, Kämpfen, Kraftproben, Entbehrungen, Verlusten und Siegen geformt, und viele Österreicher haben dafür ihr Leben gegeben, um das zu formen, was wir jetzt einen freien Staat nennen, und das wollen wir uns sicher nicht von eingewanderten extremistischen, kriminellen Ausländern zerstören lassen. Wir sprechen hauptsächlich Deutsch und nicht Türkisch, Jugoslawisch, Polnisch, Tschechisch, Spanisch, Libanesisch, Arabisch, Chinesisch, Japanisch, Russisch, Englisch oder andere Sprachen. Deshalb, wenn ihr wünscht ein Teil unserer Gesellschaft zu werden, lernt unsere Sprache!

Die meisten Österreicher glauben an Gott, aber das ist nicht irgendein rechter politischer Flügel, sondern eine Tatsache, weil unsere Nation auf christlichen Werten aufgebaut wurde, und ich glaube, das ist auch genügend dokumentiert worden, nicht nur in den Kreuzzügen und Türkenkriegen. Es dürfte durch die Kreuze, die in unseren Schulen und Gerichten an der Wand hängen, und die Eide, die wir auf die Bibel schwören, auch genügend bewiesen sein. Wenn Ihr Gott als eine Beleidigung anseht, dann habe ich den Vorschlag, Ihr wählt ein anderes

Land in der Welt als Eure neue Heimat, weil Gott, ist ein Teil unserer Kultur!

Wir wollen Euren Glauben akzeptieren und nicht fragen, warum Ihr ihn habt, alles, was wir fragen, ist, daß Ihr unseren Glauben akzeptiert und in Frieden und Harmonie mit uns zusammenlebt. Wenn Ihr Euch aber unter unserer „Rot-Weiß-Roten" Flagge unterdrückt fühlt, dann solltet Ihr ernsthaft überlegen, in einen anderen Teil unseres Planeten zu gehen.

Wir sind glücklich mit unserer Kultur und haben nicht die Absicht, sie wegen Einwanderer zu ändern, uns interessiert es nicht im Geringsten, wie Ihr die Dinge in Eurem Land handhabt, von wo Ihr gekommen seid! Bei allem Verständnis für Euch, behaltet Eure Kultur, aber zwingt sie nicht anderen auf!

*Das ist unser Land, unsere Stadt und unser Lebensstil, und wir geben Euch alle Möglichkeiten, Euch daran zu erfreuen. Aber wenn Ihr Euch über unser Land und unsere Farben beschwert und nicht damit einverstanden seid, nur raunzen könnt und Einwände habt nach unsere Art zu leben, dann möchte ich Euch dazu auffordern, einen der größten Errungenschaften unserer Demokratie und eines freien Landes auszunützen: „**Ihr habt das Recht zu gehen!**"*

Wenn Ihr in Österreich nicht glücklich seid, dann geht! Wir haben Euch nicht gezwungen, gerufen, noch gefragt, daß Ihr kommt! Ihr wolltet nach Österreich kommen! So akzeptiert unser Land, das Ihr gewählt habt!

Da habe ich nun Freunde, die mir sagen, daß ist „rechte" Propaganda und alles ist nicht wahr, da frage ich mich schon, wie und wo die Leben, vor allem was sie da so sehen? Die sind so engstirnig, daß sie mit Beiden Augen durch ein Schlüsselloch sehen können. Anders ist es nicht möglich, Tatsachen nicht zu erkennen, die sich vor ihren Augen und Leben abspielen. Mir persönlich gehen alle Parteien und Politiker, egal ob „links" oder „rechts" am Arsch vorbei, und was ich von ihnen halte, habe ich auch schon ausführlich in „Zum Denken verurteilt" beschrieben, und die sind es sicher nicht wert, das ich es hier nochmals wiederhole.

Allerdings möchte ich trotzdem noch diesen Teil einfügen, wo auch Kommentar von der „Presse" dabei ist, denn von einer „Heute" oder „Österreich" würde ich sicher nichts zitieren, aber in diesem Fall möchte ich es wiederholen, daß es auch der dümmste NGO und Gutbürger es endlich begreift.

Denn ist es nicht klar, daß alle zu uns kommen wollen, weil sie genau wissen, in ihren Heimatländern hätten sie keine Rechte um wie hier, sogar auf Grund ihrer „Kultur" Arbeit verweigern können, und trotzdem Geld bekommen.
Hier ein paar Zeilen von der Presse:

Unter AMS-Beratern geht offenbar die Angst um, man könnte ihnen Diskriminierung unterstellen. Weshalb sie laut dem Bericht manchmal „eine nachsichtigere Vorgangsweise in der Betreuung" wählen würden. Der Bericht spricht von mangelnden Deutschkenntnissen als Problem bei der Beratung. Laut Aussagen von AMS-Landesgeschäftsstellen beherrschten die meisten Menschen mit Migrationshintergrund die deutsche Sprache nicht in einem Ausmaß, das für eine Vermittlung ausreichend sei.

Tschetschenen oft gewaltbereit

Befragte AMS-Führungskräfte gaben an, daß „Auffälligkeiten nach Nationalitäten" zu beobachten seien. Massive Probleme gibt es laut Bericht mit der Betreuung von Tschetschenen. Es gebe „übereinstimmende Wahrnehmungen" bezüglich Tschetschenen unter befragten Führungskräften, heißt es in dem Dossier. Demnach seien sie überdurchschnittlich oft gewaltbereit. Berater und Führungskräfte würden bedroht. Unter den Mitarbeitern herrsche teilweise Angst, sodaß sie in manchen Fällen weder Vorschläge für Jobs noch für Kurse machen, um die Kunden nicht zu verärgern. Bei Tschetschenen, Syrern und Afghanen sei die Vermittlung in soziale Berufe oder die Gastronomie schwierig, „weil der Servicegedanke abgelehnt wird", schreiben die Autoren

Zu Hause wird nicht Deutsch geredet

Bei Muslimen würden Väter und Ehemänner Integration verhindern, sie träfen Entscheidungen für Kinder und Frauen. Muslimische Mädchen bis zu 18 Jahren dürfen nicht an Ausbildungen mit dem Argument teilnehmen, daß sie nicht mit Männern in Kontakt kommen dürften. Musliminnen seien nur eingeschränkt in „(soziale) Berufe" vermittelbar, weil sie Männer nicht berühren dürften. Jugendliche der zweiten Generation hätten trotz Schulbesuchs in Österreich mangelhafte Deutschkenntnisse, weil zu Hause nicht Deutsch gesprochen werde.[9]

Also warum sollten die überhaupt irgendeine Bemühung setzen um etwas zu arbeiten, wenn sie genau wissen, sie werden von dem „verblödeten" österreichischen System weiterhin versorgt, sozial und gesundheitlich, und brauchen dafür nur alle paar Monate beim AMS vorbei zu schauen. Das bringt mich schon zum Nachdenken, denn in ihren Ländern wäre für uns bestenfalls „ein Tritt in den Arsch" drinnen.

Nicht nur, daß wir dank unserer „Gäste" am Praterstern, Alkohol- und Waffenverbot haben, bekämpfen sich in Banden alle Arten von Nationen, Afghanen, Syrer, Türken und noch andere, wo ich nicht mal weiß wo die Länder überhaupt sind. Wir haben uns, dank unserer Migranten und Flüchtlingspolitik, der jeweils am Ruder sitzenden, unfähigen Regierungen, die Kriegsschauplätze zu uns nach Österreich geholt, und das finde ich eigentlich gar nicht lustig. Leider kann mit einem „verblödeten" Volk keine Demokratie funktionieren. Es sind halt zu 90% die sechs Kategorien von Österreicher, oder besser gesagt, Menschen im allgemeinen in der ganzen Welt, und da bin ich sicher nicht rassistisch. Sie sind wirklich überall gleich, und wenn man sieht welche Serien im TV hohe Einschaltquoten erzielen, ist es leider bewiesen. Das Volk kann nur verblödet sein, wenn sie das bringen können. Wo wir bei den diversen Casting Shows sind, über die genug in dem Buch „Die verblödete Republik" geschrieben und auch von mir schon gesagt wurde.

Intermission: *Da ich ja in Echtzeit schreibe, jetzt an Bord unserer „Key of life" in Petite Martinique, schreiben wir heute den 14. Februar 2020, Valentinstag, an diesem Tag dürften wir immer besonderes „Glück" haben, wie ich schon in meiner Trilogie „Unter dem Key of Life" beschrieben habe, und soeben um 1030 gab es einen lauten Kracher, denn die hinter uns liegende „Hero II" hat sich beim Wegfahren, die eigene Muring in die Schraube gefahren und ist uns voll an STB Achtern in die Seite gefahren, wo wir schon den Schaden von der „Ocean Royel" haben.*

---

[9]   **Von Jeannine Binder und Gerhard Hofer**
19.03.2018 in der Presse online.

Die rote Farbe vom Bug der „Hero II" haben wir sogar am Achterstag kleben. Nun wenn das kein Valentinsgeschenk ist, denn zum Glück ist es wieder an STB gewesen, denn sonst hätten wir auch an BB das Schanzkleid gebrochen. Da wir diesmal an Bord waren, konnten wir es miterleben, nur das erklärt die Schäden in den vergangenen Jahren, wie sie entstanden sind. Aber wenn niemand an Bord ist, wird auch nie etwas gesagt, geschweige denn, würde jemand bei der Polizei eine Meldung machen. Aber das Beste kommt erst. Nachdem sie rüber gewunken haben und es so aussah, das sie gedeutet haben nachher vorbei zu kommen, fuhren sie an die Hauptmole, dann zurück auf ihre Muring wo sie noch Fische putzen und „Conch[10]*" aufbrachen, und wir warteten im Cockpit, da sie ja eigentlich mal rüber kommen sollten. Es ist ja nur 15 m mit dem Dingi entfernt. Aber ich kann es nicht glauben, sie fahren an Land ohne auch nur einen Blick auf den Schaden zu machen. Wenn es so weitergeht, wird es hier bald den nächsten Fall mit Mord geben, ich werde bald zum Serienkiller.*

Jetzt war ich nahe dran die Schrotflinte raus zu holen. Jetzt war ich wirklich "haaasss" und rief die Polizei an und versuchte dem zu erklären, das „Hero II" in uns rein fuhr und ohne sich um uns zu kümmern und ganz einfach an Land fuhr. Da sie eigentlich nur die Hälfte verstehen, speziell am Telephon, kam dann eine Meldung von ihm, die nur von solchen geistigen schwarzen Löchern hier kommen kann, (was sich sicher nicht auf die Hautfarbe bezieht) denn er meinte:

"Move with your boat, because this is a bad area"!

Er verstand eigentlich nicht, daß wir auf UNSERER Muring hängen, und der Lenker vom der Hero II in uns rein gefahren ist und ich bezweifle, daß er ein „Captn" ist und eine Prüfung gemacht und eine Lizenz hat.

Nun das hat hier sicher nichts mit Rassismus zu tun, denn diese Arschlöcher gibt es auch wieder auf der ganzen Welt, so auch hier, egal welche Hautfarbe sie haben.

---

[10] Conch Schnecke, hier auch Lambi genannt, in Florida strengstens geschützt und fast ausgestorben, in den Bahamas wird es bald soweit sein, dort Nationalgericht.

Ein paar Recherchen mit befreundeten Taxifahrern in Wien, gaben mir auch zum Nachdenken. Sie meinen, es gibt nur mehr wenige Taxifahrer mit denen man sich in ihrer Muttersprache, in dem Fall „Deutsch“ unterhalten kann, und die sind auf unsere Politiker und Gesetze nicht gerade gut zu sprechen. Seit Jahren versuchen sie gegen „UBER“ und andere anzukämpfen, aber vergeblich. Die fahren nach wie vor, aber keiner hat jemals eine Taxiprüfung ablegen müssen, oder wie früher eine teure Konzession kaufen müssen.

Wenn man dann hört, daß ein Taxifahrer in einer Woche arbeiten, es gerade schafft die Pauschale für seinen Chef und die Dieselkosten „rein zu fahren“ und selber nichts dabei verdient hat, dann gibt das einem schon einen Grund einmal darüber nachzudenken, oder nicht? Im Augenblick gibt es ca. 4300 Taxis, dann ca. 2800 „UBER“ und ein paar Hundert vom „Bolt“, also so an die 7500 Personenbeförderer. Man kann fast nicht mehr als Taxifahrer seinen Lebensunterhalt verdienen. Zugelassen wird das von unserer Regierung und unserer unfähigen, ahnungslosen Politikern, denen es „wurscht“ ist. Sie sitzen ja höchstens als „Fahrgast“ im Taxi. Was aber nicht einmal sicher ist, wahrscheinlich stehen sie auch am Straßenrand mit ihren Smart Phone in der Hand weil sie einen „UBER“ gerufen haben.

Nun, sie versuchen zu beruhigen indem sie sagen, daß sich im Herbst was ändern soll. Sie sagten aber nicht 2020 dazu, denn das sich was ändern wird, sagen sie seit Jahren, aber daran haben auch Demonstrationen der Taxifahrer am Ring nichts genützt. Aber wie ich ja schon einmal angedeutet habe, die diversen Regierungen werden ja von einem ferngesteuerten und verblödeten Volk gewählt. Einer der Gründe warum eben die „Demokratie“ nicht funktionieren kann, wenn dann Leute wahlberechtigt sind, die eigentlich nicht mal einen Satz in Deutsch formulieren können. Mir persönlich gehen alle Parteien am A… vorbei, ich will keine davon wählen, ob rechts oder links, grün oder pink angehaucht, denn was die manchmal von sich geben und trotzdem wieder gewählt werden, läßt einem sehr wundern. Sowie eine Aussage von der Parteispitze der SPÖ, die nach dem fürchterlichsten Absturz seit der Existent dieser Partei dann öffentlich sagte: *__Die Richtung stimmt__* ja weiß die eigentlich was die da von sich gibt, oder war sie voll auf Drogen?

Nur unterscheiden sich die Führungskräfte der Regierungen leider überhaupt nicht, die wir in Österreich an der Spitze haben, sie sind alle gleich und manchmal glaube ich stark, was mit Österreich passiert ist ihnen völlig egal. Hauptsache ist für sie, ihre Machtpositionen so lange es geht auszukosten und für sie persönlich, so weit wie möglich, materiell auszuschöpfen, denn eine andere Erklärung gibt es nicht, wenn sie zusehen, wie es mit Österreich „den Bach" runter geht.

Zu den Taxifahrern paßt vielleicht die *„Metapher[11]"* mit der Zuwanderung und wie wir mit ihr umgehen. Österreich besitzt und erhält sich „recht und schlecht" ein Depot an Geld für div. Ausgaben ihrer Staatsbürger, für Pensionen und Gesundheitsversorgung. Nun wenn wir mit diesen Ressourcen weiter so umgehen, sehe ich schon wieder sehr „schwarz" für Österreich. Denn so wie die Taxifahrer mit einer gewissen Anzahl von Fahrgästen auskommen müssen, dann aber die Personenbeförder schon mehr sind als Fahrgäste, dann kommt dieses Problem auf, was ja schon existiert und ihnen die Grundlage für ihr Überleben raubt.

Da dies eine „Schulmädchenrechnung" ist, es aber von unserer Regierung nicht erkannt wird, läßt mich an deren Führungsqualität sehr zweifeln. Denn wie kann etwas funktionieren, wo eine Anzahl von Arbeitern, Angestellten und Selbständigen in eine Kasse einzahlt, um für ihre Angehörigen die Versorgung für Bildung, Gesundheit und Pension für sich selber zu garantieren, wenn dann aus dieser Kasse für Asylanten, Flüchtlinge und Migranten für die nächsten 18 Jahre nur herausgenommen, (und natürlich noch länger, da die ja sicher, nur weil sie jetzt in Österreich sind, nicht aufhören zu züchten, wieso sollten sie? Sie bekommen ja für jeden „Wurf" wieder Geld von Österreich) aber von diesen nichts eingezahlt wird? Richtig, das kann nicht funktionieren, also wieso „behirnen" das unsere Führungsspitzen eigentlich nicht, sind sie nicht einmal zu dieser „Schulmädchenrechnung" fähig? Also wie verblödet muß ein Volk sein, die zu wählen und regieren zu lassen?

Man möge mir verzeihen, wenn ich hier die „harschen" Worte, wie „werfen" und „züchten" verwende, aber sie erinnern mich eben an Meerschweinchen, die auch nicht nachdenken und nur interessiert sind

---

[11] METAPHER Umschreibung, im übertragenen Sinn

wieder Nachkommen zu zeugen, egal was kommt und wie ihre Lage ist. Aber diese Situation, die nicht mehr abzuwenden ist, läßt mich wirklich zum Rassisten werden, wenn ich darüber nachdenke, da es keinen Ausweg aus dieser nun total verfahrenen Situation in der wir uns in unserem, bald ehemaligen, Heimatland Österreich befinden.

Man hat einem Politiker einmal vorgeworfen, das er weit „Rechts" steht, weil er die Wahrheit und Tatsache aussprach:

„Das Boot ist voll"

Nun da sind wir bei der nächsten Metapher, wenn ich Österreich mit meinem Segelboot „Key of life I", die ja auch International und rechtlich gesehen, österreichischer Boden ist, einfach mit Österreich vergleiche, was eigentlich voll zutreffen könnte. Nur gibt es am Segelboot keine Regierung, schon gar nicht eine Demokratie. So arg es sich anhört, aber der „Skipper" (Kapitän) muß ein Diktator sein, denn in gefährlichen Situationen gibt es keine Zeit für Diskussionen, sondern er muß sofort eine Entscheidung treffen, **er ganz alleine,** und die kann über Leben und Tod entscheiden! Um es etwas zu veranschaulichen, werde ich hier einen Auszug von meinem Buch:

Unter dem Key of Life 3.Teil „Der vorletzte Kontinent" einfügen:

Am 10. Mai gehen wir durch den Exuma sound zurück nach Norden und beim Einlaufen, wo schon die Ebbe gegen uns stand, merkte ich beim Galliot Cut, wie gut ein paar PS am Motor mehr wären. Es dürfte die Saison für Flüchtlinge aus Haiti sein, in Black Point kommt ein 7 m Boot mit 32 Flüchtlinge an, und am Mittwoch ist drei SM vor uns eine Haiti Sloop von 40 Fuß mit 173 Flüchtlingen an Bord mit knapp 10 cm Freibord fast am sinken (wir haben 43 Fuß). Sie wird von Ray, einen Freund und Parkranger von Waderick Wells an den Strand einer Insel geschleppt und auf Grund gesetzt um die Leute nicht zu gefährden.(siehe Foto im Buch)

Das habe ich jetzt nicht eingeflochten, weil von diesen Haiti Flüchtlingen, keiner nur annähernd jemals bis zu 10.000 € für die Flucht hätte zahlen können, oder das einer von ihnen ein Smart Phone auf die Reise hätte mitnehmen können. Diese sind aber nicht in Österreich, sondern in den Bahamas angekommen und dort gibt es für sie weder Unterstützung noch Kinderbeihilfe. Selbst die gesundheitliche Versorgung hält sich da

51

stark in Grenzen, bis sie wieder zurück nach Haiti abgeschoben werden.

Die Regierung könnte man jetzt als „unmenschlich" bezeichnen, aber sie dürften gescheiter und besser rechnen können als unsere Regierung, denn sie wissen, die Bahamas haben nicht genug Ressourcen um all diesen Flüchtlingen helfen zu können. Um ihr eigenes Volk zu schützen und „erhalten" zu können, ist es sicher für ihr eigenes Wohlergehen besser, die Flüchtlinge wieder zurück zu senden, als sie lange in unterversorgten und wahrscheinlich auch unmenschlichen Auffanglagern, dahin vegetieren zu lassen.

Bei uns in Österreich ist es den NGO's und den „Gutbürgern" aber egal, wie schlecht es den Österreicher geht und wie weit IHRE gesundheitliche Versorgung eingeschränkt wird. Hauptsache sie können „helfen" und lassen die „Eingangstür" weiterhin offen, und heißen, so wie die Merkel, alle willkommen. Wahrscheinlich um ihr eigenes Gewissen zu beruhigen oder sich einen Platz im Himmel zu sicher, wer weiß das schon. Jedenfalls schädigen sie damit ihre eigenen Mitbürger und Österreicher, was ihnen aber egal sein dürfte. Aber die Selbstmord Attentäter der Islamisten glauben ja auch daran, daß sie mit ihrer Tat etwas „Gutes" tun und sichern sich dadurch ja auch einen Platz bei ihren 99 Jungfrauen.

Nun wieder zurück zu der Metapher, warum ich die Situation mit den Haiti Flüchtlingen aufgegriffen habe. Die Situation kann ähnlich werden wie es Österreich geht, je nachdem, welche Entscheidung ich als „Skipper" und Kapitän treffe, so wie es eine Regierung und ihre Führungskräfte machen müßten.

Wenn ich in diesem Fall, nicht als ein österreichisches Boot sondern als Österreich handeln muß, und auf offener See auf die Haiti Sloop mit den 173 Flüchtlingen an Bord treffe, muß ich eine Entscheidung treffen, die nicht nur mich, und unser Boot die „Key of life" sondern auch meine Crew (Besatzung) betrifft. In der Metapher eben Österreich und ihre Bürger. Ich kann weder mit irgendwelchen „Gutbürgern" oder NGO's zum diskutieren anfangen, sondern muß als Kapitän die alleinige Entscheidung treffen, was gut für unser Boot und Leben ist, sowie eine Regierung zu entscheiden hat, was gut für Österreich und ihr Volk ist.

Früher hatte dann der Kapitän die zweifelhafte Ehre, wenn er was falsch machte, oder aus anderen Gründen das Boot sank, mit dem Boot unter zu gehen. Eines steht fest, keiner von unserer Führungsspitze, egal welcher Regierung wird für Österreich freiwillig in den Tod gehen, da es sich da ja um ein „Ehrenritual“ handeln würde, aber Ehre ist in der Politik sicher nicht vertreten.

Nun in diesem Fall ist eine Entscheidung sicher nicht leicht, ob ich die 173 Leute retten will oder nicht, andererseits doch wieder, denn dafür habe ich ja mein „Handwerk“ als Skipper gelernt, was ja unsere Politiker nie mußten, denn sonst wären solche unfähigen Leute ja nie eine Führungsspitze geworden. Aber richtig, die wurden ja gewählt, von Leuten die anscheinend nicht wußten, daß man nur jemanden wählen sollte, der gewisse Fähigkeiten für den Job haben sollte.

Aber wie sagte schon Rosa Luxemburg:
„Könnten Wahlen etwas verändern, würd man sie verbieten“

Die Entscheidung vom Skipper muß einfach lauten, mein Schiff und meine Besatzung, im letzten Fall auch ich, gehen bevor. Auch wenn mir die Entscheidung nicht leicht fällt und „weh“ tut, ich kann nicht sinnlos mein Boot und das Leben meiner Besatzung opfern, oder im übertragenen Sinn, das weiter Bestehen von Österreich und ihrem Volk. Denn alleine der Versuch, hier der Haiti Sloop mit den 173 Flüchtlingen an Bord nur näher zu kommen, wäre für uns absolut tödlich. Das Boot hat nur mehr 10 cm Freibord, was für Laien erklärt, nur mehr 10 cm vom Rumpf über Wasser sind, jede größere Welle würde an Deck schlagen und die Sloop wäre unweigerlich zum Sinken verurteilt, und dazu natürlich auch die 173 Flüchtlinge zu Tode verurteilt.

Aber wenn wir in Schwimmweite von der Sloop wären und sie kentert und sinkt, würden die 173 Flüchtlinge ohne Rücksicht unsere „Key of life“ (Österreich) entern, und ohne Rücksicht auf die jeweilige Besatzung (Österreicher) unser Boot (Österreich) zum sinken bringen und wir alle wären nun Tot. Der einzige Unterschied zu unserem Flüchtlingsproblem in Österreich ist nur, bei uns an Bord würde es schneller gehen und wir würden es sofort bemerken, was unsere Regierungen und Politiker aber nicht sehen wollen oder dazu fähig sind die Situation richtig einzuschätzen, weil sie eben alles andere als ein „Kapitän“ sind. Und vielleicht sollten wir mal erkennen, daß die „Gäste“ die wir uns da eingehandelt haben, sicher niemals Rücksicht auf das Wohlergehen der Österreicher nehmen werden, da wir ihnen vollkommen egal sind. Für sie sind wir nur ganz einfach, ein Mittel zum Zweck und nichts anderes!

53

Wie ich schon in meinem Buch „Zum Denken verurteilt“ geschrieben habe, selbst die nun zu Österreicher geworden sind, bleiben im Herzen immer Polen, Türken, Jugoslawen, Rumänen, Bulgaren und was wir sonst noch alles, jetzt als Österreicher haben, außer an unserem Geld, unseren Wohnungen und unserem Sozialsystem, haben sie kein Interesse wie gut es uns Österreichern wirklich geht, eigentlich sind wir ihnen mit unserer Kultur im Wege, und es wäre mehr in ihrem Interesse, wenn wir auswandern würden, es könnten dann wesentlich mehr ihrer Angehörigen nachkommen, deshalb haben sie auch kein Interesse daran unsere Sprache zu lernen.

Und solange das die „Gutbürger“ und NGO's nicht erkennen was wirklich gut für Österreich ist, und wir uns weiter Kriegsschauplätze mit Bandenkriegen nach Österreich holen, und wir als Österreicher sich nach ihnen richten müssen und nicht umgekehrt, werden wir unsere Kultur verlieren, Nationalstolz haben wir ja schon lange keinen mehr! Aber ich glaube nicht, daß es für Österreich besser wird, wenn wir die Frauenrechte wieder beschneiden, für die unser österreichisches, europäisches und abendländisches Volk, Jahrzehnte lang gekämpft hat, Zwangsheirat einführen, und uns Kopftücher aufsetzen, daß es die Lebensqualität von den noch verbliebenen Österreichern hebt. Vielleicht fühlen sich dann unsere „Gäste“ wohler, wenn wir uns mehr nach ihnen richten, verblödet sind wir ja genug dafür.

Nun es gehört zwar nicht gerade in dieses Kapitel, aber ich muß es mir trotzdem von der Seele schreiben, weil mir eben gerade danach ist, und weil mich auch gerade die Polizei (heute 17. Februar 2020) von Petite Martinique angerufen hat, das unser Schaden am Boot, wo wir seit über einen Monat ergebnislos „kämpfen“ an die „Port Authority“ weiter geleitet wurde, nachdem uns jetzt noch ein anderes Fischerboot, die „Hero II“ rein gefahren ist, aber das gehört nicht hierher aber in
www.Segelclub.Ankh-Refugium.com kann man es nachlesen, sogar mit Foto und auch in Englisch.

Nur damit man lesen kann, daß wir hier keinerlei Recht und Unterstützung bekommen, fast sowie in Österreich, wo die Migranten schon mehr Rechte haben als gebürtige, (damit meine ich aber die ohne Migranten Hintergrund) Österreicher. Hier sollten die NGO's und

„Gutbürger" einmal leben müssen, oder vielleicht sogar Probleme haben, um zu sehen wo hier die „Unterstützung" bleibt, und ob sie dann auf jedem Amt auch einen Dolmetscher oder Rechtsbeistand bekommen, wo wir wieder beim Zitat von Humbold wären.

Leider finde ich hier kein Konsulat mehr. Es gibt zwar welche, für China, Mexico, Kuba und sogar Polen, aber keines mehr für Österreich. Die haben hier in Grenada mehr Nationalstolz als jemals die Österreicher haben werden. Und so gesehen haben sie vielleicht sogar Recht. Obwohl wir hier in der „Dritten Welt" sind, was die niemals zugeben würden, sagen sie sicher, wie Trump zu den USA sagte, „Grenada first" und sch.. im wahrsten Sinne des Wortes auf den Rest der Welt, und das nicht nur am „Independenc day".

Nun es gehört vielleicht nicht hierher. Aber da ich ja bald wirklich zum Rassisten werde und vor kurzem Hundebesitzer geworden bin und mich frage, wieso nun in Wien schon jeder eine Prüfung für einen Hund, auch wenn er kein „Listenhund" ist, ablegen muß. Aber die in Österreich ankommenden „Wurfmaschinen" Kinder in die Welt setzen können so viel sie wollen, egal ob sie gute Chancen auf ihrem Lebensweg haben oder nicht. Geld gibt's ja mal von Österreich für sie auf jeden Fall, die nächsten 18 Jahre. Sie können sogar auf der „Flucht" noch züchten, dafür haben sie Zeit. Ich könnte zwar auch „schnackseln" sagen, aber das wäre vielleicht zu ordinär.
Das bringt mich nun zum Hund. Denn auch wenn man ihn so wie ich meine „Shiva", einen Mudi Mischling, von mir auch „La Bestia" genannt, aus dem Tierheim in Krems befreit hat, nun für den gibt es sicher kein Geld vom Staat. Nein hier ist es das Gegenteil der Fall. Man muß natürlich nicht nur die Hundesteuer zahlen, sondern wie in meinem Fall natürlich immer wieder Tierarztkosten und 400.-€ für die vertraglich übernommenen Kosten für die Kastration.

Unsere gebärfreudigen Migranten und Asylanten wird da mehr geholfen. Nicht nur mit Kinderbeihilfe und alle möglichen Zuschüssen, sowie alle Gesundheitskosten werden von Österreich übernommen, was dann natürlich auch noch die ganz Jungen dazu veranlaßt, Kinder in die Welt zu setzen. Die brauchen ja keine Prüfung dafür ablegen, und man macht dann für dieses verblödete Volk noch Werbung mit Serien wie

„Teenager werden Mütter". Das sich das ferngesteuerte Volk von Nasenbohrern noch mit hohen Einschaltquoten ansieht.

Egal wie jung, ob Alkoholiker, drogenabhängig, oder wie geistig oder körperlich Behindert sie alle sein mögen, und in der freien Natur nie eine Chance zum Überleben hätten. Man kann es ihnen nicht verbieten, denn das wäre ja unmenschlich, und man würde sicher sofort als „Hitler" bezeichnet werden, wenn man den Gedanken nur im entferntesten aussprechen würde. Nur wie sinnvoll es ist, daß die alle drauf los „schnackseln" dürfen, auch wenn es wider der Natur ist, stelle ich doch in Frage?

Nun das bringt mich letztendlich zum Thema wegen Hundesteuer, über das ich eigentlich schreiben wollte. Ich habe „Shiva" im Juli aus dem Tierheim geholt und natürlich angemeldet und Hundemarke in Klosterneuburg bekommen, sowie die Hundsteuer bezahlt. Nun bekam ich aber Mitte Februar die nächste Rechnung für die Hundeabgabe, was mich natürlich schon von hier am Boot an das Stadtamt von Klosterneuburg schreiben ließ, hier einmal der Brief:

Petite Martinique/Grenada 1.2.2020
Wertes Team!

Am 19.7.2019 wurde von mir,
Erich Beyer, 3400 Klosterneuburg
für Hundeanmeldung inkl. Marke 2019 EDV Nr. 28884 in Bar 50,42 €
bezahlt!
Hundemarke: 5738
Da ich mich zur Zeit im Ausland befinde, hat eine Freundin meine Post nachgesehen und ihre Aufforderung gesehen, daß ich Mitte Februar bereits wieder die Hundesteuer entrichten soll. Das ist mir etwas unklar, denn wenn ich einen Hund erst seit Juli habe, kann ich ja nicht für das volle Jahr die Hundesteuer bezahlen?
Oder ist es der österreichische Weg, wenn jemand den Hund erst im Dezember bekommt, darf er die 11 Monate ohne Hund auch die volle Steuer bezahlen??
Bitte mich nicht falsch zu verstehen, hier geht es mir nicht ums Geld, obwohl ich nur Mindest Renten Bezieher bin, sondern ums Prinzip.

Bitte um eine Klärung (Erklärung) wieso so was möglich ist, denn wäre das ein Gesetz, dann würde ich diese Sache, schon der Interesse halber dem BVG übergeben.
Jedenfalls bitte ich um Geduld, da ich erst wieder am 13. März 2020 nach Österreich zurück komme und verbleibe
Hochachtungsvoll Ihr Erich Beyer

Nun wie ich erfahren habe, dürfte es allen Hundebesitzern wurscht sein, oder nicht aufgefallen, oder sie sind nicht solche „Flachgeister" wie ich und können es sich leisten für ein Jahr zu bezahlen, auch wenn sie davon nur zwei Monate ein Tier haben. Ginge es hier um ein Auto, würden die alle auf die Barrikaden stürmen um so was zu verhindern. Jedenfalls kam dann die Stellungnahme vom Amt retour:

Sehr geehrter Herr Beyer,

unter Bezugnahme auf Ihr E-Mail vom 1.2.2020 wird Ihnen mitgeteilt, dass laut NÖ. Hundeabgabegesetz 1979, § 6, die Hundeabgabe im ersten Jahr binnen einem Monat und für die folgenden Jahre jeweils bis spätestens 15.2. für das laufende Jahr zu entrichten ist.

Die Hundeabgabe ist nicht teilbar oder aliquot zu berechnen. Natürlich können Sie sich in dieser Angelegenheit noch das entsprechende Gesetz durchsehen, oder rechtlich beraten lassen. Die Fälligkeit ist jedoch gesetzlich geregelt und ist sogar ohne weitere Aufforderung, wie zuvor angegeben, zu entrichten.

Falls Sie noch weitere Fragen haben stehe ich Ihnen jederzeit zur Verfügung.

Mit freundlichen Grüßen Helga.F.

So mit dem soll man sich also einfach abfinden, meint jedenfalls die Frau Helga F., wo ich natürlich nicht den vollen Namen abdrucken darf, fällt sicher auch unter Datenschutz oder ähnliches. Natürlich konnte ich mir eine Antwort an das Amt nicht verkneifen, und die will ich sicher nicht vorenthalten:

Sehr geehrte Fr. F.!

Sie können natürlich für die Gesetzeslage nichts dafür, deshalb mache ich ihnen hier sicher keinen Vorwurf, also meinen Einspruch und Frust nicht falsch zu verstehen.

Mir ist natürlich klar, daß wir genug verblödete Staatsbürger und Gesetze haben, das habe ich ja bereits in meinem Buch "Zum Denken verurteilt" geschrieben, aber ich dachte nicht, daß bei aller Liebe zu Hunden, die Hundebesitzer so blöd sind, für etwas zu bezahlen, was sie gar nicht, oder noch nicht haben?

Egal wer dieses Gesetz gemacht hat, er gehört in eine "Anstalt" und das hat sicher nichts mit einer Gleichberechtigung für die Bürger zu tun. Mich wundert, daß dieses Gesetz noch nicht von den Medien aufgegriffen wurde, denn wie wird es der öffentlichen Meinung denn gefallen, wenn ich jetzt, da ich mit solcher Art von ungerechten Gesetz, meinen Hund wieder ins Tierheim nach Krems zurück bringe?

Anscheinend wissen die Medien nichts davon, oder es hat sich noch niemand dafür interessiert, jedenfalls werde ich dafür sorgen, daß es in die Medien kommt, denn Leute die Tiere aus einem Tierheim befreien und retten, dann mit solch vertrottelten Gesetzen noch zu bestrafen, ist eine wirkliche Frechheit.

Ob die Hundeabgabe nun laut Gesetz nicht teilbar oder aliquot zu berechnen ist, ist sicher nicht meine Aufgabe, sondern den hier anscheinend unfähigen Gesetzesgebern. Somit brauche ich nicht das entsprechende Gesetz durch zu sehen, noch mich rechtlich Beraten lassen, was mich noch eine Menge Geld kosten würde, sondern ich werde mal dieses Anliegen an das BVG weiterleiten und dort einklagen, und hoffen, daß auch die Medien dafür Interesse zeigen.

Leider habe ich hier mit dem Segelboot viele Probleme, da jemand in unser Boot gefahren ist mit "hit and run" (Fahrerflucht) und ich somit den Kopf mit anderen Sorgen voll habe, und meine Internetverbindung nur sporadisch ist. Aber ich mußte meinen Hund Shiva für zwei Monate in Pflege geben, und da ich erst am 13. März nach Österreich zurück komme, dann erst die Angelegenheit an das BVG weiter leiten. Ich kann ihnen aber dann den Hund gerne ins Stadtamt bringen, und sie können sich dann mit dem Gesetzgeber auseinander setzen, wie weiter vorgegangen wird. Oder will man im Amt von Klosterneuburg, das ich den Hund ins Tierheim zurück bringe? Wäre sicher eine gute Werbung für die nächsten Wahlen.

Bitte nochmals um Entschuldigung, daß ich sie hier Belästigen muß, aber ich habe ja keinen anderen Ansprechpartner, und verbleibe
Hochachtungsvoll, Ihr Erich Beyer

Natürlich habe ich bereits am 3.Februar an alle Tageszeitungen und Fernsehstationen ein Schreiben gesendet und den Schriftverkehr mit dem Amt von Klosterneuburg angehängt:

Petite Martinique/Grenada 3.2.2020

Wertes Team!
Ich möchte hier nur etwas aufzeigen, daß anscheinend in Österreich sonst niemand "behirnt" hat, oder es allen "wurscht" ist, weil unser Volk ja alles so hinnimmt, weil es eben immer so war und ist! Mir persönlich ist es aber nicht egal, daß es ein Gesetz geben kann, wo ich für etwas bezahle, was ich noch gar nicht habe, wie es anscheinend bei der Hundesteuer in Klosterneuburg der Fall ist, und man für ein Jahr bezahlen muß, auch wenn man den Hund aber nur ein Monat hat! Deshalb habe ich hier den Schriftverkehr mit dem Stadtamt von Klosterneuburg angehängt, ob vielleicht von diversen Medien Interesse besteht, solch einem Gesetz mal nach zu gehen, denn das könnte einmal von großen Nutzen für diverse Hundehalter in Österreich sein.
Ich bin im Augenblick mit vielen Problemen auf meinem Segelboot beschäftigt und komme erst am 13. März nach Österreich zurück, würde aber gerne sehen, ob hier mein Schreiben etwas bewirken kann!
Hochachtungsvoll Ihr Erich Beyer

Ich brauche eigentlich nicht extra erwähnen, daß ich, außer ein paar Lesebestätigungen und das es „Eingegangen" ist und an die zuständigen Redaktionen weiter geleitet wurde, natürlich keine Reaktion darauf gab. Ich bin ja hier nicht täglich im Internet, somit sehe ich auch wenig in die Zeitung, noch höre ich hier Nachrichten, also weiß ich nicht, ob es in den Medien eine Reaktion wegen meiner „Hundesteuer" gegeben hat. Aber wahrscheinlich hat sich in dieser Richtung noch nichts getan. Um ehrlich zu sein, habe ich auch nicht damit gerechnet. Wie sang schon einst Ludwig Hirsch „ A bissal den Hintern bewegen". Das ist aber den sechs Kategorien Österreichern eher wurscht, wenn es sie nicht gerade selber betrifft.

59

Intermission: Mit einem Sprung zurück, da ich schon viel weiter vorne im Buch war, und heute schon der 4. März. 2020 ist, also nicht gerade der Tag, wo ich hier gerade in diesen Teil am Buch geschrieben habe. Aber diese Geschichte gehört noch in dieses Kapitel rein.

Nachdem man in der ganzen Welt mit dem „Corona Virus" Probleme hat, und wir ja noch bis nächsten Donnerstag am Boot in Petite Martinique sind, haben wir hoffentlich kein Problem mit unserem Heimflug am Freitag den 13. März. Wobei wir wahrscheinlich von Grenada ohne Probleme weg kommen werden, aber in Barbados könnten sie schon mit Kontrollen die Leute „sekieren", weil wir da für zwei Stunden das Flugzeug verlassen müssen, also haben wir dort noch eine gute Chance angesteckt zu werden. Aber heute haben sie in Frankfurt den ICW angehalten, weil ein Fall gemeldet wurde. Also wenn schon ein Zug Probleme hat, wie wird es dann mit Weiterflug von Frankfurt für uns aussehen? Vor allem hat die Lufthansa bereits etliche Flüge gestrichen.

Bis Dato in Grenada noch kein Problem, aber es legen ja in der Woche ein paar Kreuzfahrtschiffe an, und wie die kontrolliert werden ist mir ein Rätsel, da die sich ja selbst nicht unter Kontrolle haben. Wenn hier was ausbricht, dann wäre die Hölle los, denn das Spital hier wäre in zwei Stunden überfüllt, hat nicht mal die Kapazität vom kleinsten Spital in Wien. Jedenfalls am Samstag ist noch ein großes "Mas" eine Umzug mit Kostümen und Musik in Grenada, und wer da aller zusieht, wenn ein Kreuzfahrtschiff hier ist, möchte ich nicht wissen. Aber der Minister hat gesagt, sie haben bereits Fieberthermometer eingekauft, sagte aber nicht wie viele. Der Minister hat auch lange geredet und er wird dafür sorgen, daß sie lernen wie man sich die Hände wäscht und sich in die Ellenbeuge nießt und man nicht andere Leuten zu nahe kommen, und die an nießen soll. Nur gegen die Leute hier in der „Dritten Welt" sind ja unsere „sechs Kategorien" Österreicher alle Professoren, und wie die immer noch hier mit ihrer Umwelt umgehen, ist eine Aufklärung in jeder Hinsicht hier nicht mit Erfolg belohnt.

Nur leider heute in den Nachrichten gelesen, daß es auf der griechischen Insel Lespos zu schweren Ausschreitungen gekommen ist, man hat ein Flüchtlingslager angezündet und die NGO's und andere Helfer, sowie auch Journalisten angegriffen und mit Holzknüppel auf sie losgegangen und ihnen die Fotoapparate ins Meer geworfen. Nun eigentlich lehne ich die Gewalt ab, aber andererseits verstehe ich die Einwohner von Lesbos auch, denn wenn die Flüchtlinge schon mehr sind als die Einwohner von der Insel selbst, wenn es an Lebensmittel und Wasser mangelt und ihr eigenes Leben in Gefahr ist, und dann die die „Gutmenschen“ und NGO's noch mehr Flüchtlinge bringen wollen, dann sehe ich das auch als „ULTIMA RATIO[12] “ für diese Griechen auf der Insel Lesbos.

Angeblich wollen die Türken auch wieder die Grenzen öffnen und Millionen Syrer, oder was man so glauben kann, (denn die Medien lügen ja auch immer von vorne bis hinten) nach Europa lassen, die wie schon einmal, sicher wieder unkontrolliert über die Grenzen stürmen können. Nun da braucht man sicher nicht lange nachdenken, wie viele Kriminelle und Verbrecher beim ersten Mal in unser Land gekommen sind. Denn egal von wo sie kommen, sie haben keinen Reisepaß mehr und keine Papiere und können angeben was sie wollen. Wir müssen ihnen dann glauben und sie aufnehmen und gesundheitlich versorgen, wobei unser Gesundheitssystem schon „kracht“ wie eine Kaisersemmel.

Nur möchte ich nicht einmal daran denken, wenn da dieser „Corona Virus“ mit dabei ist, was da auf uns und Europa zukommen könnte, denn das würde sicher niemand mehr in den Griff bekommen. Obwohl unsere „verblödete“ Regierung ja schon wieder einen „Task force“ gegründet hat. Wissen die eigentlich was so ein „Task force“ wirklich ist? Es könnte sein, daß wir wirklich bald einen „Task force“ brauchen werden, nämlich wenn unser verblödetes Volk endlich aufwacht. Denn dann haben wir einen Bürgerkrieg vom feinsten, den wir Österreicher aber sicher verlieren werden. Die Migranten werden sicher zusammenhalten und auf Österreich sicher sch... und die sind ja schon in der Überzahl.

Der Notfalls Plan unserer Regierung für den „Corona Virus“ dürfte so geheim sein, daß sie ihn wahrscheinlich selbst noch nicht kennt. Für mich ist auch unklar, was ich da in der Zeitung laß. Wenn wer angesteckt ist, dann wird er „behördlich“ abgesondert. Wie soll das

---

[12] ULTIMA RATIO lat. Letztes äußerstes Mittel,

funktionieren? Setzt man dann den betroffenen Familien im Gemeindebau vor jede Wohnung einen Polizisten? Da gibt es sicher viele Überstunden und die Verpflegung kommt dann mit dem „Pizza Service" oder mit Essen auf Rädern. Hoffentlich sind nicht viele Leute mit Hunden betroffen, denn dann brauchen sie einen zweiten Polizisten, der mit dem Hund „Gassi" geht.

Man soll sich ja schon Nudeln und sechs Flaschen Mineralwasser nach Hause tragen, um zu vermeiden, daß dann die „Hamsterkäufe" los gehen. Gut das ich im Haus in Klosterneuburg immer ein paar fünf Liter Kanister mit Trinkwasser von Wien gelagert habe, da brauche ich nicht extra Mineralwasser zu kaufen. Wir können ja mit dem Hund in den Wald „Gassi" gehen, aber auch da muß ein zweiter Polizist her, damit wir nicht über den Wald „entkommen" können, falls wir nach unseren Flug nach Hause, auch behördlich abgesondert werden müssen.

Auch wenn das jetzt ein Sprung im Buch wieder zurück war, aber diese Intermission mußte ich noch einfügen. Obwohl unsere Reise und Ankunft in Wien noch alles andere als lustig kommen könnte, was ich aber nicht hoffe, daß es wirklich große Probleme gibt. Wir hatten ja schon hier am Boot genug davon.

(kurz eingeflochten, zu Krieg in Österreich) Am 25. bis 28. Juni 2020 kam es zwischen Türken und Kurden im zehnten Bezirk in Wien zu schweren Ausschreitungen, wo ich sicher nicht gerne beim Spazierengehen dazwischen gekommen wäre. Der Einsatz kostete Eine Million Euro, die Österreichische Steuerzahler bezahlen müssen. Die Türkei hat sogar noch die Frechheit uns vorzuwerfen weil wir Kurden demonstrieren lassen, es dürften nur die Türken tun. Können sie, aber sie sollen in die Türkei gehen und nicht unser System ausnützen. Türken gehören in den Balkan und nicht nach Europa, und daran ändert auch nichts wenn sie in Österreich geboren sind, sie bleiben Türken oder Kurden und sind keine Europäer und werden sich nie in unsere Kultur integrieren. Wer türkische Fahnen schwenkt, ist kein Österreicher! Wieso haben die ein Recht unsere Polizisten zu verletzen? Also ich frage diejenigen die noch denken können: Ist das der Dank? Und haben wir diese „Völker" hier gebraucht? Sie sollen in ihrer Heimat bleiben und dort ihre Kämpfe austragen, nicht hier in Österreich! Wer da anders denkt, dem haben sie ins Hirn geschissen.

5.Kapitel: **TV Shows für die total Verblödeten!**

Die neue Technik, beim Smart Phone ist es das „5G" Netz, im Kabel die Glasfaserleitung die alles schneller machen soll. Sogar mit „DVTB II" im Simpli TV kann man nun alles in HD Qualität sehen. Nur weil es schärfer ist, heißt es noch lange nicht, daß die Sendungen und Serien besser wurden, eher das Gegenteil ist der Fall. Dabei rede ich gar nicht von der „neuen" Technik, mit der wir erst vor relativ kurzer Zeit „DVTB 1" gut bedient waren. Nun hat man sich aber wieder die Geräte neu kaufen müssen, weil man auf „DVTB II" umgestiegen ist. Und wieder einmal kann man sich die alten Geräte in den A.. schieben, hoch lebe die neue Technik.

Das mit der Technik ist eben so eine Sache. Da wird geforscht um den Konsumenten wieder etwas Neues auf das „Auge" zu drücken, wie weit es wirklich sinnvoll ist, wage ich zu bezweifeln. Es erinnert mich an die Anfangszeiten im Weltall, wo man hundert tausende von Dollar in Forschung investierte, um einen Kugelschreiber zu entwickeln, der auch in der Schwerelosigkeit funktioniert. Also auf der Erde kann man damit auch auf der Decke schreiben, wenn man es will und braucht. Soweit ich mich erinnere, da ich sogar einmal einen als Werbegeschenk bekam, als ich noch mein Werbebüro hatte, hieß er „Fisher Space" und die Mine stand unter Druck, und eine Ersatzmine kostete ein Vermögen. Nun die Russen hatten dafür eine Lösung die nur 10 Cent gekostet hat, es nennt sich „Bleistift"!

Nun gibt es bei uns eine Serie, „Sturm der Liebe" die bereits über 3500 Folgen hat. Wie kann es so etwas geben? Ich kann leider kein Urteil abgeben, denn ich will nicht einmal fünf Minuten von dieser Serie sehen. Aber alle die sie ansehen, sind wahrscheinlich auch wahlberechtigt, was wiederum der Beweis ist, warum Demokratie nicht funktionieren kann. Da normale Casting Shows anscheinend nicht mehr so gut funktionieren, bringen sie jetzt „Masked Singers" für die absolut verblödeten Zuseher. In dieser Show stecken sie irgendwelche Vollkoffer in Kostüme, worin sie dann komplett unnötige Schlager singen. Dann sollen die Leute erraten wer da im Kostüm steckt. Bitte warum, um alles in der Welt, soll sich ein normal denkender Mensch denn diese Show antun? Die Leute werden immer verblödeter und somit kann man ihnen eigentlich alles vorsetzen und sie zahlen auch noch dafür Fernsehgebühren, wie tief sind wir gesunken?

Über dieses Thema habe ich ja schon in meinem Buch geschrieben, und in der „Verblödeten Republik" ist es ja noch viel besser gebracht worden, muß ich leider zugeben. Aber ich bin ja auch keine Schriftsteller und versuche halt nur meine Gedanken und Meinung kund zu tun. Überraschender Weise, bekam ich von den Wenigen die „Zum Denken verurteilt" gelesen haben, sogar gute Kritik, und was mir wesentlich wichtiger ist, viele stimmen mit meiner Meinung und Kritik überein, also kann ich damit ja nicht so falsch liegen.

Nun über das Publikum, die sich die diversen Shows ansehen, dürfte man eigentlich kein Wort verlieren. Da ja sogar manche glauben, daß es bei „Dancing Star" wirklich ums Tanzen geht, und die Ferngesteuerten noch anrufen und dafür jeweils 50 Cent bezahlen. Ok, ich gebe zu, ich bin nur neidisch, denn ich hätte mich natürlich sehr gefreut, wenn sie, als ich „leider" den Fehler machte und bei Barbara Karlich in der Show war, so 100.000 angerufen hätten, und ich dafür 50.000.-€ hätte kassieren können.
Ich denke natürlich da auch gerne an den „Club 2" zurück, bei dem ich mit dem Thema „Wiederkehr der Familie" mit machte. Er dauerte 123 Minuten und ich bekam 4.500.- ATS. Das hat mir gefallen bei einem Stundenlohn von knapp 2.000.- Schilling. Wem würde das nicht gefallen? Bei der Barbara Karlich bekam man gerade die Taxikosten ersetzt.
Immer noch senden sie auch täglich, sogar im ORF für die Leute, die nicht selbst für sich verantwortlich sein können, ein Horoskop. Und wieder sind wir bei der Demokratie und den Wählern die, trotzdem sie sich das Horoskop ansehen, immer noch wahlberechtigt sind.

Was ich von den diversen Serien halte, wie „Bauer sucht Frau", „Teenager werden Mütter" oder sogar „Die Lugners", will ich hier nicht nochmals beschreiben. Sie sind es sicher nicht wert überhaupt darüber zu reden. Aber ein neuer Trend heißt heute bei den ferngesteuerten Nasenbohrern „es ist Hipp" oder nennen sie es „der neue Hipp"? Jedenfalls so ähnlich, aber ich recherchiere sicher nicht, ob es richtig ist oder nicht, weil mir diejenigen die solche Ausdrücke verwenden, absolut „wurscht" sind, sie gehören sicher zu den „sechs" Kategorien.

Jedenfalls dürften alle Arten von „Quiz Sendungen" gerade „IN" sein, da sie in allen TV Stationen welche haben. Und nicht zu vergessen wieder eine APP herunter laden, damit man mitspielen kann, wo man dann sogar zustimmen muß, das die APP jederzeit mithören oder sogar Video aufzeichnen kann, sonst darf man nicht mitspielen. Also wie verblödet muß man sein, all diesen Sachen freiwillig zuzustimmen? Ich schaue da sogar im TV manchmal gerne rein, um etwas mein „Wissen" zu testen, und wenn es da wirklich um Allgemeinwissen, Allgemeinbildung und Intelligenz gehen würde, hätte ich ganz gute Chancen mit den „Quizmastern" mit zu halten.

Meine Frau Gabriela meinte sogar ich sollte mich einmal melden. Nun sicher nicht, denn da kommen Fragen, die weder mit Intelligenz noch mit Bildung zu tun haben, sondern komplett vertrottelt sind. Gemacht sind diese Fragen dann wahrscheinlich für die ferngesteuerten Nasenbohrer die ja 90% der Zuseher ausmachen, damit sie vielleicht stolz sein können, das sie wissen welchen Namen einer der Töchter von Prinz Harry hat, oder welche Fußballmannschaft eine Meisterschaft gewonnen hat. Da muß ich mich dann sicher ausklinken, denn das will ich gar nicht wissen, denn für solche Sachen einen Speicherplatz im Gehirn zu verschwenden ist reine Verschwendung.

Sollte ich jemals in die Verlegenheit und in diesen Zustand einer Art Demenz fallen, wo ich anfange für solches fragwürdiges „Wissen" Interesse zu zeigen, würde ich zum Michaeler Platz fahren. Dort stehen vier große Herkulesstatuen mit großen Keulen, und ich bitte darum, mir mit diesen Keulen kräftig auf den Schädel zu schlagen, damit ich wieder anfange klar zu denken.

Wenn ich dann mit ansehen und hören muß, wie vier Kandidaten und der Quizmaster eine Frage nicht beantworten können, die jeder in der ersten Klasse Hauptschule schon wissen mußte, dann frage ich mich schon welche Leute sich da manchmal melden. Es gäbe ja genügend Fragen die überall auf der Welt ein Thema wären und somit auch dort ohne Problem beantworten werden könnten. Denn Themen wie Sterne, Planeten oder Allgemeinwissen, das in der ganzen Welt das Selbe ist, und in China, genau so beantwortet werden könnte, wie in den USA.

Nur lokale Sportergebnisse, gehören nicht zum Wissen, noch zur Intelligenz und sind nur von Leuten zu beantworten, die sich für solch Nebensächlichkeiten interessieren, und haben meiner Meinung in einem

Quiz nichts zu suchen. Aber das ist eben meine Meinung, und deshalb habe ich bei so einen Quiz auch nie eine Chance. Es sollte auch einer am anderen Ende der Welt wissen, wer z.B. Leonardo Da Vinci war, aber auch er wird nicht wissen, welche Fußball Mannschaft letzte Woche in Wien gewonnen hat, genau so wenig wie in Österreich irgendwer weiß, welche Kricket Mannschaft in Pakistan oder Südafrika gerade gewonnen hat.

Mit den Filmen nicht nur Videospielen, werden die Leute, speziell die Jugendlichen immer mehr in eine virtuelle Welt versetzt, und wissen eigentlich gar nicht, daß wir in der Realität leben. Mich hat es schon vor 40 Jahren gewundert, wieso Filme wie „Supermann" so großen Erfolg in den USA hatte, dann leider auch in Europa. Die Erklärung ist eben, daß die Leute lieber was sehen, was fernab jeder Realität ist, warum das auch immer so sein mag. Die Filme in dieser Art nehmen nun aber wirklich schon überhand, und dann verkaufen sie dazu die nötigen APP für Videospiele am Smart Phone und „Game of Thrones" oder wie das heißt, hat unglaublich viele Teilnehmer. Die zahlen dann auch wie bei anderen Video und Online Spielen noch Geld dafür, kaufen sich „Leben" oder „Armeen" und manche Eltern konnten dann für ihre „Terroristen" Handyabrechnungen in Höhe von mehr als tausend Euro bezahlen.

Ich kann mich noch erinnern, irgend jemand hat uns mal die DVD von „Avadar" geliehen. Das sind glaube ich die blauen Lebewesen mit einem langen Schwanz, wo ich mich dann fragte, wieso da jeder davon gesprochen hat, und es viele sogar im Kino gesehen haben? Ich bin stolz auf mich, so sehr ich mich bemühe, ich habe keine Ahnung mehr worum es in dem Film da überhaupt ging, so sehr unnötig war die „Handlung" in diesem Film, also warum sollte ich mir das merken?

Es ist wie mit den Filmen von Bruce Willis, Vin Diesel und andere, die alles andere als gute Schauspieler sind. In den ersten zehn Minuten werden 50 Autos zerstört, ganze Häuserblöcke gehen in Flammen auf, aber alles kann solche Art von Filmen nicht retten, denn da hatte Alfred Hitchcock mehr Spannung in seinen Filmen und brauchte nur ein „Küchenmesser" dafür. Wieso wir anscheinend nur mehr solchen Schmarrn produzieren können, und dann noch zig Teile davon bringen, wo es besser gewesen wäre nach dem ersten Teil damit aufzuhören, ist mir unklar.

Aber wenn es eine Generation gibt, die millionen von Klicks an eine Person abgibt und sich Tips zum Schminken in You Tube ansehen will, und dann glauben sie sind individuell, dann ist mir einiges klar wie weit es mit uns gekommen ist. Wie ferngesteuert muß man sein, um sich im Frühstücks Fernsehen von jemand Tips holen zu müssen wie ich mich anzuziehen habe, oder sogar vorgeschlagen wird, was meine „Terroristen" in der Schule anzuziehen haben. Was ein „no go" ist und die auch noch glauben sie seien individuell, obwohl ein paar Tausend nun dasselbe tragen und anziehen.

Nur wenn sie mir wirklich voll ins Hirn geschissen haben, würde ich da auch nur irgendeinen Rat davon annehmen, denn wenn ich das einmal brauche, habe ich weder eine Lebensberechtigung, noch sollte ich wählen dürfen. Denn so werden diese Leute auch von den diversen Parteien in ihrer Werbung beraten und befolgen sie dann auch noch. Wieder ein Beweis, warum Demokratie nicht funktionieren kann, wenn man von diesen sechs Kategorien umzingelt ist. Wenn mein Selbstwertgefühl einmal so tief gesunken ist, daß ich diese fraglichen „Informationen" für mein Dasein, denn Leben kann man das ja nicht wirklich nennen, brauche, habe ich eigentlich jede Lebensberechtigung verloren, und es geschieht mir vollkommen recht, von solchen Politikern „ferngesteuert" zu werden.

Natürlich muß ich zugeben, daß sogar ich, zu meiner Schande, versucht habe, über diese Frühstücks Sendungen, Werbung für mein Buch „Zum Denken verurteilt" zu bekommen, und habe die „Fr. Schöberl" von „Puls 4" angeschrieben und ihr ein PDF geschickt. Obwohl ich eigentlich weiß, daß ich an die Leute die da zusehen, sicher keine Bücher verkaufen werde noch kann, da ja die zu 90% zu den sechs Kategorien gehören, über die ich in meinem Buch ja fürchterlich „herziehe". Also würden sie, falls sie mein Buch kaufen, und sie es schaffen wirklich bis zum Ende zu lesen, mich nachher fürchterlich hassen und Fr. Schöberl wahrscheinlich „steinigen", weil sie mein Buch überhaupt vorgestellt hat.

Ich bin aber doch so gescheit, um im voraus nie ernsthaft daran gedacht zu haben, jemals von Fr. Schöberl in Erwägung gezogen zu werden. Ihr müßte beim Lesen meines Buches schlecht werden, denn mein „Deutsch", meine „Grammatik" würde ihr die „Galle" umdrehen, im wahrsten Sinne des Wortes, obwohl ich am Anfang schrieb, daß ich kein Schriftsteller bin. Nur habe ich sicher, nach ihrer Meinung niemals eine

Berechtigung, ein Buch aufzulegen. Auch wenn es mir nur ein Bedürfnis war es zu schreiben. Und als Therapie für mich, um in dieser Welt von „Schafen" mit der ich jetzt umzingelt bin, es überhaupt auszuhalten.

Mir ist es aber viel mehr wert, von den Wenigen die mein Buch gelesen haben, trotz meines vielleicht fürchterlichen Stil zu hören, daß es ihnen gefallen hat und mit vielen meiner Meinung sind. Ein Freund von mir gab sogar zu, erst ein Buch in seinem Leben, nämlich Jules Verne mit „Reise zum Mittelpunkt der Erde" voll gelesen zu haben. Aber mein Buch einmal die ersten 150 Seiten durch gelesen zu haben. Jetzt wo er durch ist sagte er mir, ich hätte ein paar von den Stellen die etwas „kräftig" waren, eher nicht so schreiben sollen. Aber es ist in Ordnung und ich kann mit seiner Kritik leben, denn sie ist wenigstens ehrlich. Es soll mir ja keiner „Staubzucker in den Ar.. blasen", sondern sagen was er denkt. Eine andere Freundin meinte sogar, da kann kein Lektor etwas daran ändern, denn es ist vom Beyer und der schreibt eben so.

Nun jetzt schreibe ich schon an meinem fünften Buch an Bord unserer „Key of life I" vor Petite Martinique, und es macht mir noch immer Freude, an unserer Gesellschaft verbal hinzu prügeln. Frau Schöberl hat mir auf mein Erinnerungsemail an sie geantwortet, daß sie pro Woche jede Menge Bücher bekommt und Hunderte noch warten bis sie gelesen werden, somit ich sicher erst an, weiß ich was, für einer Stelle komme. Nun eigentlich ist es mir egal, ich habe ihr sogar im Mai 2019 einmal geschrieben was ich von ihr halte:

Sehr geehrte Fr. Schöberl!

Eigentlich habe ich gar kein Recht sie zu fragen, was sie von meinem Buch halten könnten, denn ich bin alles andere als ein Schriftsteller und möchte auch nie einer werden. Aber ich kenne sie von Puls 4 und kann mir zwar nicht vorstellen, auch wenn man sagt, Bücher lesen sind Abenteuer im Kopf, daß jemand, der drei oder mehr Bücher in der Woche liest, ein Urteil über mein Buch abgeben kann, denn es ist nicht nur eine Biographie, sondern alles Tatsachenberichte über Österreich und der Welt die ich selbst erlebt habe, und so etwas kann man von keinem Buch erfahren, sondern man muß es leben.

Wie zu erwarten war, habe ich natürlich keine Antwort bekommen. Aber eine Meinung von jemanden der sein „Leben" damit vergeudet nur zig Bücher in der Woche zu lesen, vor allem noch hauptsächlich Romane, ist mir sicher so wichtig, wie wenn ein „Sack Reis" in China umfällt. So jemand kann eigentlich keine Ahnung vom wirklichen Leben haben, da er ja nur aus einer fiktiven Lektüre, seine Erfahrung sammelt. Ich frage mich, ob sie zwischen den Büchern lesen, überhaupt Zeit zum Leben hat? Und wenn ich so genau darüber nachdenke, wenn ich von Fr. Schöberl einen Vorschlag für ein Buch annehme, kann ich ja genau so einen Vorschlag von der „Tussi" annehmen, was ich anziehen soll.

Ich persönlich habe in meiner Jugend und auch noch jetzt, hauptsächlich „Die Welt von A-Z, Lexika, vom Musik Lexikon bis zum Lexikon für Frühgeschichte, Fach- oder Sachbücher „verschlungen" und nur ganz selten meine Zeit mit Romanen verschwendet. Denn wieso soll ich etwas lesen, daß ich lieber erlebe, oder schon erlebt habe, und ein anderer sich das nur aus den „Fingern" gezogen hat und somit nur fiktiv ist, wobei mein Erlebtes die Realität war und ist. Da kann ich mir ja gleich „Sturm der Liebe" ansehen und damit meine Lebenszeit vergeuden.

Ich habe sicher noch vor, auch über das Leben auf der Ersten „Key of life" und der „Manuda" in Jugoslawien zu schreiben, denn die „Abenteuer" mit unseren Crews könnten noch Bände füllen, und sind es wirklich wert auch erzählt zu werden. Vor allem viel lustiger als die jetzigen Geschichten, denn sie sind sicher nicht alltäglich gewesen. Obwohl z.B. als ich noch bei „Securop" mit dem Panzerwagen gefahren bin, und Werttransport gemacht habe, mit immerhin zu dieser Zeit bis zu 120.000.000 ATS im Auto, könnte ich darüber selbst in den sieben Jahren in denen ich gearbeitet habe, nicht einmal 20 Seiten füllen. Obwohl ein paar Geschichten es vielleicht wert wären, sie zu erzählen. Denn was da manche Kollegen gemacht haben, und die berechtigt waren eine Waffe zu tragen, ist fast nicht zu glauben. Aber es war sicher keine Fiktion sondern Realität.

Vielleicht ist es überheblich und anmaßend von mir, in meinem Buch, wie schon vorher in „Zum Denken verurteilt" über meine Mitmenschen zu urteilen. Aber wenn man mit offenen Augen durchs Leben gegangen ist und gesehen hat, wie es in manchen Ländern in denen ich gereist bin, und zwar nicht nur als Tourist, sondern Einsicht in das dortige Leben bekam, und vor allem wie man dort als Österreicher behandelt und welche Rechte man hat, erlaube ich mir eben dazu ein Urteil und meine Meinung kund zu tun.

Was hätte z.B. mein Vater über sein Leben berichten sollen? Außer vielleicht, daß er einen unehelichen Sohn in die Welt gesetzt hat, und meine Mutter im Stich gelassen hat. Und nur Alimente gezahlt hat, wenn er von der Fürsorge dazu angehalten wurde. Er ist 26 (sechsundzwanzig) Jahre lang, OHNE EINEN EINZIGEN TAG im Krankenstand gewesen zu sein, jeden Tag um 0500 früh von Sommerein am Leitha Gebirge, in den 10. Bezirk in eine Kofferfabrik zur Arbeit gefahren, und dann stand er auf einmal vor verschlossenen Türen und hat seine Arbeit verloren. Er mußte dann in seinem Alter wieder eine Arbeit suchen und war dann froh, irgendwo im Arsenal in der Kleiderkammer unter zu kommen. Er war sogar gelernter Friseur, aber einen Job dafür zu bekommen, ist eine andere Geschichte. Dieses Leben war sicher nicht sehr ereignisreich um darüber in einem Buch zu berichten. Ich hätte mich wahrscheinlich lieber erschossen, als es leben zu müssen.

Aber er gehörte sicher zu den sechs Kategorien Österreicher, die dieses System am Leben erhalten und dafür gesorgt haben, daß es jetzt noch Pensionen gibt. Nur wie weit die Qualität seines Lebens war, möchte ich in Frage stellen. Viele meiner „Freunde" sagen ich soll nicht so über Österreich schimpfen, denn ich bekomme doch eine Pension von diesem Land. Das mag richtig sein, aber ich bekommen sicher nicht mehr als mir zusteht, denn ich habe ja auch teilweise genug eingezahlt. Noch dazu war ich Jahrzehnte lang im Ausland und habe in dieser Zeit von Österreich nichts bekommen und den Staat also sicher nicht belastet, wie die „Gäste" die wir jetzt im Land haben.

Nur möchte ich kurz auch in diesem Buch aufzeigen, daß ich zweimal im Jahr zur Kontrolle nach Schwechat zur PVA soll, weil die Zentrale in St. Pölten nicht weiß, daß diese Kontrolle auch in Wien in der Hillegeist Straße möglich ist. Das ist natürlich wesentlich näher für mich von Klosterneuburg. Speziell mit „Öffentlichen" würde es nach Schwechat zu einer Tagesreise werden. Dort wird mein Reisepaß kontrolliert, ob ich ja nicht länger als zwei Monate im Ausland bin, denn dann verliere ich sofort meine Ausgleichszulage. Das, obwohl ich natürlich die PVA jedes Mal von meinen Auslandsaufenthalt informiere. Vor allem wie blöd müßte ich sein, die PVA anzulügen, wenn ich in meiner Webseite darüber schreibe, daß ich auf meinem Segelboot in Petite Martinique/Grenada bin?

Warum ich das hier aufzeige hat folgenden Grund. Ich bekomme natürlich auch einen Stempel in den Reisepaß wenn ich in Grenada einreise, und somit wäre schon aus diesem Grund ein Belügen der PVA nicht gerade sinnvoll, aber unsere EU Länder, wie Polen, Rumänien, Bulgarien und wie weit die EU noch geht, bald sind wir ja schon in Pakistan mit der EU, die bekommen natürlich keinen Stempel in den Paß und können somit auch viele Monate in ihren „Heimatländern" sein, ohne jemals bei einer Kontrolle Probleme zu bekommen. Kein Stempel im Paß bedeutet, daß auch keine Kontrolle möglich ist.

Diese jetzt natürlich österreichischen Staatsbürger, leben mit unserer Ausgleichszulage in ihren Herkunftsländern, natürlich wie „Gott in Frankreich". Ich hoffe doch, daß es verständlich ist, wenn ich das ungerecht finde. Nun ich bin sicher nicht der Einzige, der sich über diese Situation ärgert, wie einige Zuschriften von Freunden beweisen, die sie mir zugesendet haben, und die ich hier auch rein kopieren will. Obwohl jetzt natürlich ein paar „Gutbürger" sagen werden, alles gelogen, stimmt nicht, sind „fake" Emails. Somit möchte ich anmerken, ich kann es ja nicht kontrollieren, und somit gilt, wie immer in Österreich, natürlich die „Unschuldsvermutung", aber anzeigen will ich es trotzdem hier:

*Angeblich sind es € 1.580.000 Euro, die Österreich **monatlich** an Rumänen, Bulgaren usw. regelmäßig überweist.*

Unserem Sozialminister Hundsdorfer scheint das egal zu sein.

*Kein Wunder, wenn er für seine (Un)Tätigkeit als Minister € 17.587 Euro brutto im Monat - 13. und 14. eingerechnet – bekommt. Es ist ja eh nicht **sein** Geld, das da verschleudert wird.*

Ich denke, diese Information könnte stimmen. Also weiter im nächsten Schreiben, aber ich habe natürlich keine Ahnung wann der Minister war, ist mir ehrlich gesagt wurscht. Sie sind alle gleich, wenn sie da „oben" sitzen und egal von welcher Partei sie sind, die einzige Richtung die da stimmt ist, so tief in den „Schmalztopf" zu greifen und für sich das Meiste raus zu holen. In der Politik stimmt die 90:10 Regel zu 100%, denn von allen Politikern sind nur 10% wirklich an einem Wohlergehen Österreichs wirklich interessiert. Bei diesen 10% möchte ich mich an dieser Stelle höfflich entschuldigen, und sie mögen mir verzeihen, daß ich hier so über die Politiker herziehe, aber wenn sie wirklich ein reines Gewissen haben, brauchen sie sich ja nicht betroffen zu fühlen. Der Rest von 90% denkt nur an ihr eigenes Wohlergehen, daß sie an ihren durch „Postenschacher" ergatterten „Sesseln" fest kleben können solange ihre Legislaturperiode eben noch dauert:

Anbei ein Euch sicher schon bekanntes Sozialschmarotzerproblem. Nicht nur, daß wir über die E-Card schon halb Osteuropa gesund pflegen, versorgen wir sie nun auch mit der Pensionsergänzung.
Wir finden diese Vorfälle mehr als ungerecht dem österreichischen Steuerzahler gegenüber. Wenn wir an die Einstellung der Lehrlings Förderung denken, bekomme ich einen echten Argumentationsnotstand. Was gedenkt das Parlament dagegen zu tun? Mit freundlichen Grüßen Joe Witke Bundesinnungmeister

Ich hoffe natürlich, daß dieses Schreiben auch von Hrn. Witke stammt und kein „fake" ist, für das ich mich entschuldigen muß. Weiter mit dem nächsten Schreiben das ich bekommen habe. Witziger weise mit dem Titel, der an mein Buch erinnert:

ZUM NACHDENKEN
Das heißt:
Hat ein Rumäne oder auch ein Deutscher keine oder nur 100 Euro Pension, so kann er bei der zuständigen Gebietskörperschaft die Differenz auf die österreichische Ausgleichszulage (837,63Euro) einfordern!

(Anmerkung von mir, da wir bereits 2020 haben, der Betrag ist jetzt schon über 900.- € und wird mehr)

Dazu ist nur ein Meldezettel nötig. Somit fließen nach sehr geringem bürokratischen Aufwand und der Eröffnung eines Bankkontos in Österreich samt einem Überweisungsauftrag, dann monatlich Steuergelder an einen rumänischen oder bulgarischen Pensionisten.

Bei der Pensionsversicherungsanstalt (PVA) ist der Skandal bekannt: ?Ja, wir wissen von diesem Problem. Die Zahl jener, die diese EU-Regel ausnützen, steigt: bisher sind es schon 2.550 Fälle.

Im Büro von Sozialminister Rudolf Hundstorfer (SPÖ) herrscht zum Problem des Steuergeld-Transfers nach Rumänien eine gewisse Ratlosigkeit. Ein Sprecher sagt zu ÖHeuteZ: Bei begründeten Zweifeln hat künftig der ausländische Antragsteller zu beweisen, daß er tatsächlich in Österreich wohnt. Die 2.550 ausländischen Ausgleichszulagen-Bezieher ließen bisher offenbar keine Zweifel aufkommen? Sie verursachen der Republik Österreich monatlich bis zu 1.580.000 Euro an Kosten. Pro Jahr sind das fast 19 Millionen Euro.

Ich habe von einem Rumänen erfahren, daß es üblich geworden ist, in Rumänien pensionierte Familienmitglieder in Österreich an einem Wohnsitz anzumelden. Damit haben sie das Recht bei der PVA eine Ausgleichszahlung zu bekommen.

Ich habe heute bei der PVA angerufen und mußte zu meinem Entsetzten erfahren, daß dieser Umstand wahr ist.

In Rumänien liegt die Pension bei ca. 100.- Euro, Ausgleichs Zahlung dann bei uns ca. 837,--. Das ist die Auskunft von der PVA.

Auch den Beamten der PVA stinkt das zum Himmel.

SEID IHR ALLE NOCH ZU RETTEN?

Wir drehen jeden Euro im Staatshaushalt um und dann wird an nicht Österreicher Geld ausbezahlt.

Diese Personen sind noch dazu in Österreich nur gemeldet und keiner überprüft, ob sie auch wirklich hier leben.

Wir fühlen uns von unseren gewählten Politikern hintergangen und ausgenützt.

WAS SOLL DAS !?

Ich schließe mich an und werde es so vielen Personen wie möglich weiterleiten und hoffe, daß es viele Österreicher/innen wachrüttelt.

Und wie schaut es mit anderen Personen aus EU-Mitgliedsländern aus, dürfen wir alle unterstützen oder sollen das die zukünftigen bezahlten Wähler sein.

Das kann aber bitte nicht wahr sein !!!!!!!!
Und wir alle brennen wie die Luster!
Margarete Paulitsch
Stadtschulrat für Wien
Abt. APS / Ref. 3

Wipplinger Straße 28
1010 Wien
Tel: 01/52525 77133
Fax: 01/52525 99 77133
E-Mail: margarete.paulitsch@ssr-wien.gv.at

Nun so habe ich es zugesendet bekommen, und auch hier hoffe ich, daß es von Fr. Paulitsch auch wirklich gesendet wurde, und nicht ihr Email Account gehackt wurde, denn sonst müßte ich mich hier auch in aller Form entschuldigen. Es waren in dem Schreiben noch ein paar Floskeln die Parteibetreffend waren, die ich raus gelöscht habe, da wie ich ja schon ein paarmal geschrieben habe, mir alle Parteien am A.. vorbei gehen. Aber wenn ich an die österreichische Einstellung von den sechs Kategorien Österreicher denke, die da sagen werden:

„Do wird schon wos dran sein, sunst dedans des net schreiben"

Obwohl ich bei diesem Schreiben sogar, meines Wissens nach, etwas korrigieren muß. Jedenfalls was die Ausgleichszulage betrifft, und zwar etwas was ich persönlich zu 100% sicher weiß, denn ich kenne die Betreffenden persönlich, und weiß deshalb genau Bescheid über ihren langen Auslandsaufenthalt in ihrem Heimatland z.B. Polen, obwohl sie hier noch die Arbeitslose bezogen, oder eben die Ausgleichszulage. Nur was hier meine Korrektur betrifft, das sind alle auf jeden Fall schon österreichische Staatsbürger, auch wenn sie in Polen oder Jugoslawen geboren sind, also keine Ausländer mehr, aber trotzdem bescheißen sie Österreich und die PVA.

Nun da ist mir ja wieder etwas gelungen, der Titel über verblödete TV Shows und Filme, hat in den letzten Seiten nicht sehr viel mit den angesprochenen Themen zu tun gehabt, aber mir ist es trotzdem „wurscht" denn ich verstoße sowieso gegen alle Regeln der Rechtschreibung, Grammatik und Satzstellungen, was jeden Lektor sicher verzweifeln läßt.

Aber da ich keinen Lektor habe, noch brauche (wo da ein paar Leser wahrscheinlich anderer Meinung sind) kann ich drauf los schreiben, wie es mir gefällt und in Zeiten und Themen hin und her springen, wie es mir beliebt. Ich bin weder Schriftsteller noch Deutschprofessor, ich schreibe mir nur von der Seele um meine „lieben" Mitbürger auszuhalten, wenn ich wieder in Österreich leben muß, was ich an sich gerne mache, wir haben ein schönes Land, wenn da nicht ein paar „Gäste" wären, die mir den Nerv töten und meine persönliche Freiheit einschränken.

Zurück zum Fernsehen, und damit auch zur GIS, die man ja, ob man will oder nicht, an den ORF zu bezahlen hat. Nun der Leser hat sicher schon bemerkt, daß ich sehr gerne queruliere und herum streite, weil es mir ganz einfach Spaß macht. Noch mehr macht es mir Spaß, wenn der Kampf aussichtslos scheint, ich gegen „Windmühlen" kämpfe, oder in einem Wespennest herum stochere, im übertragenen Sinn. Nun da es anscheinend mit der GIS so ähnlich wie mit der Hundsteuer ist, habe ich einmal für Gabriela den Kampf gegen ORF und GIS aufgenommen. Es ist vielleicht wieder sinnlos und „leere Kilometer", aber die Zeit dafür nehme ich mir gerne. Genauso wie ich hier davon berichten will, denn ich finde die Drohung vom GIS eine Frechheit, die sie meiner Frau Gabriela in einem Schreiben gemacht haben. Denn falls sie nicht die GIS bezahlt, drohen sie mit der Bezirksverwaltungsbehörde, wer immer das auch ist, und einer Strafe bis zu 2180.- €.

Wie ich ja schon anmerkte, hat meine Frau ihren Kampf gegen den Krebs seit 2016 bis jetzt gut bestanden, (aber das MRT zeigt an, das trotzdem noch genug von dem Sch... in der Stirn,- Neben,- und Kieferhöhle sitzt) nur soll sie trotzdem keinerlei Streß ausgesetzt werden, was bei diesem Drohbrief vom GIS und ORF sicher nicht sehr hilfreich ist.
Nun könnte ich mir diesen Kampf ja leicht sparen, denn Gabriela hat ja die Mindest Invaliden Rente, also würde sie auch eine Befreiung von der GIS bekommen, aber das wäre ja zu einfach, vor allem könnte ich da ja nicht aufzeigen, was da in Österreich und den Gesetzen vor sich geht.
Somit wollte ich einmal klar stellen, daß meine Frau ihren Fernseher nur zum DVD oder Video ansehen benutzt, und da bei einem Test, der Empfang vom TV Programm sehr mühsam ist, denn wenn ein Auto die Göschlgasse rauf fährt, „friert" das Bild ein oder bricht zusammen, was also einen problemlosen Fernseh-Empfang erheblich stört,

und dabei rede ich jetzt gar nicht davon, daß man vielleicht eine Sendung aufzeichnen wollte. Nun interessierte es mich, ob jemand dieselbe Höhe an Gebühren bezahlen muß wie andere GIS Benutzer, auch wenn er nur einen Teil der Sender bekommt, oder der Empfang eben empfindlich gestört ist. Nein hier ist es noch besser als bei der Hundesteuer, es genügt ein Fernseher, auch wenn er nicht benützt wird, wenn die Gegend mit dem sowieso fragwürdigen „Programm" terrestrisch versorgt wird. Hier ein Auszug vom GIS als Erklärung:

Die Programmentgelte nach dem ORF-Gesetz sind dann zu bezahlen, wenn mit diesen Rundfunkempfangsanlagen die Programme des ORF wahrnehmbar gemacht werden können. Sie sind aber auch dann zu bezahlen, wenn der Empfang der ORF-Programme mit der konkreten Gerätekonstellation zwar nicht möglich ist, jedoch der Standort der Rundfunkempfangsanlagen mit den Programmen des ORF terrestrisch versorgt ist (§ 31 Abs. 10 ORF-G).

Nun eigentlich habe ich den ORF nicht gesagt, daß er meine Gegend mit seinem „ORF Programm" versorgen soll, weder terrestrisch noch mit Kabel, und wir wollen es eigentlich auch nicht, also könnte er es ruhig einstellen, oder von den Leuten kassieren, die den ORF auch wirklich wollen und nicht per Gesetz die Leute mit ORF Programm Gebühren „zwangsbeglücken"! Da haben wir ja noch Glück, daß wir nicht auch ohne Hund schon Hundesteuer bezahlen müssen, nur weil wir einen Garten und Platz für einen Hund hätten.

Nun komme ich mir wirklich schon lästig vor, wenn ich schon Interesse halber, wieder beim BVG eine Klage und Einspruch machen will. Aber es kann doch nicht Gerecht sein, und Gleichheit anderen gegenüber, wenn es richtig sein soll, das ich wie bei der Hundesteuer für 10 Monate Steuer bezahlen soll, wo ich gar keinen Hund habe? An diesem Gesetz muß gearbeitet werden! Dann soll ich vielleicht, wo ich fast keinen, oder sehr schlechten Empfang habe und somit nur einen Teil der Programme überhaupt sehen kann, genau so viel GIS zahlen, wie einer der alle Programme ohne Probleme und Störungen empfängt? Ist nicht hier auch etwas falsch gelaufen?

So jetzt sind wir wieder bei Thema, Fernsehen und ihre Programme und den sechs Kategorien, die auch hier meine persönliche Freiheit sehr einschränken. Denn 90% wollen etwas sehen, was ich sicher nicht will, geschweige denn, dafür bezahlen muß. Es gibt Kanäle oder Programme, wo ich extra bezahlen muß um in den fragwürdigen Genuß komme, alle Fußballmatches zu sehen. Aber ok, wenn es wer sehen und dafür bezahlen will, selber schuld. Aber wichtiger ist es wahrscheinlich, er sieht es OHNE Werbung, und für das könnte man wirklich gerne bezahlen, wenn einem das was man sehen kann, es auch wert ist.

Der ORF bringt nicht einmal die „Moto GP" Rennen, sondern in diesem Fall bringt es nur „Servus TV". Aber der ORF bringt für die ferngesteuerten Nasenbohrer die primitivste Sportart, nämlich Fußball, und ich soll da GIS bezahlen, und kann in keinster Weise dabei mitreden, was ich sehen will? Natürlich stundenlang Tennis, was mich persönlich auch so interessiert, wie wenn in Kanada ein rotes Rad umfällt, Wintersport zum umfallen usw. Dann werde ich dazwischen noch mit Werbung jeder Art im wahrsten Sinne des Wortes „zu geschissen" die einem wirklich weh tut, und ich kann nichts dagegen einwenden und muß es mir ansehen. Ich würde nicht wagen in das Möbelhaus mit der Familie von Laienschauspielern zum Einkaufen zu gehen, selbst wenn ich was brauchen würde. Denn obwohl ich weiß, die Werbung wird sicher nicht gedreht, wenn das Möbelhaus offen hat. Aber nur zur Sicherheit gehe ich nicht hin, denn falls die doch dort sind, würde ich mich sicher unglücklich machen, und zum Serienmörder werden.

Ich habe ja eigentlich keinen Vertrag mit dem ORF gemacht, wo ich mich entscheiden kann, ob ich solch einen Vertrag und ihre AGB auch eingehen will, also wieso kann ich dann eigentlich geklagt werden? Selbst die SELFIDOTEN mit ihren Smart Phones können sich vertraglich mit ihrem jeweiligen Provider einigen, was sie von ihm beziehen wollen, wie viele Minuten oder GB für das Internet. Da kann sich selbst der Dümmste aussuchen was er davon haben will. Aber nicht beim ORF, den müssen wir bezahlen, ob wir wollen oder nicht. Auch wenn wir keinen Vertrag haben, noch jemals einen unterschrieben. Wie ist so etwas eigentlich möglich? Ich glaube, solches Vorgehen war nicht mal im Dritten Reich unter Hitler der Fall.

Wenn ich Kabelfernsehen beziehe, mache ich einen Vertrag und ICH bestimme, wofür ich zustimme, wie viele Kanäle ich haben will und dann zahle ich für das jeweilige Angebot und wenn ich dem nicht zustimmen will, dann habe ich eben nur die Sender für die ich bezahlt habe. Aber ich glaube auch da wird einem der ORF dann „aufs Auge" gedrückt, ob man will oder nicht. Aber da es auch im Kabelfernsehen sehr, sehr, viel Werbung gibt, ist einer der Gründe warum ich nie eines haben werde und dafür noch bezahle.

Wie kann ich eigentlich, wenn ich in einem Geschäft, für jeden frei zu kaufen, ein TV Gerät erstehe, dann zu einer GIS verurteilt werden? Müßte man mich nicht schon beim Kauf darauf aufmerksam machen? Früher konnte man in der Schweiz und in der BRD diverse Scanner kaufen, die Frequenzen oben hatten, die es erlaubten, in Österreich auch den Polizeifunk abzuhören. Nur da stand auf der Rechnung und der Anleitung, daß diese Geräte in Österreich nur mit einer Genehmigung zu betreiben sind, die natürlich niemand hatte. Aber da wußte man, wenn man die in Österreich benutzt, macht man sich strafbar. Das man nun straffällig wird, wenn man sich ein TV Gerät kauft um seinen DVD-Player und Videorecorder dort anzuschließen, muß man sich ja auf der Zunge zergehen lassen. So etwas kann es nur in unserem verblödeten Land geben.

Somit müßte man nun bei jedem schon verkauften Gerät eigentlich an die Besitzer einen Brief nach schicken, daß sie Straffällig sind, wenn sie nicht die GIS zahlen. Und ab jetzt bei jedem Neukauf, den Kunden auf diesen Umstand aufmerksam machen und es sich auch unterschreiben lassen, daß er es auch verstanden hat, und er ein Verbrecher ist, wenn er die GIS nicht zahlt, falls er an einem Ort wohnt, wo der ORF ihn terrestrisch mit seinem besch..eidenen Programm versorgt.

Ich persönlich finde es sowieso als eine Zumutung, daß mir ORF oder GIS verbieten kann, daß ich meinen TV als Monitor zu verwenden. Ich gehe mit meinem HDMI Kabel in das Fernsehgerät und kann somit am großen Bildschirm besser arbeiten oder wie manche Leute eben ihre Video Spiele darauf spielen, was ich sicher nicht mache. Aber früher bin ich mit den Flugsimulator geflogen das am TV natürlich schöner war als auf meinen Bildschirm vom Lap Top. Oder wie es meine Frau macht, sie schaut eben ein paar DVD an, die wir von unseren Reisen mit gebracht haben, und nur am Computer funktionieren, da sie der normale DVD Player nicht nimmt.

Wie weit das nun mit der Gesetzeslage wirklich stimmt ist fraglich. Aber wenn ich da an die Hundesteuer denke, ist bei uns in Österreich sicher alles möglich, aber eine Berufung beim BVG werde ich sicher machen. Wieso macht es denn der ORF nicht bei den normalen TV Geräten wie früher, soweit ich mich erinnern kann, wie bei den Satelliten Empfängern? Ich hatte zwar nie ein solches Gerät, aber ich glaube zu wissen, daß man da eine Karte extra dazu brauchte um in den fraglichen „Genuß" des ORF Programms zu kommen, was die Sache sehr erleichter und man dann die GIS mit dieser Karte bezahlt und nicht „zwangsbeglückt" zu werden und man wird nicht straffällig, wenn man sich in einem Geschäft einen frei erhältlichen Fernseher kauft, ohne dabei zu wissen, daß man eigentlich kriminell wird.

Denn vielleicht sind ein paar, sowieso ferngesteuerte die sogar Gebühren für das Kabelfernsehen bezahlen, trotzdem sie da mit Werbung bis zum umfallen zugeschissen werden zufrieden, wenn sie die privaten Sender, und nicht den verstaatlichten von der jeweiligen Regierung, Parteiabhängigen und sicher nicht unabhängigen ORF sehen können! Ich hatte schon vorher die Idee, das einmal ein paar hundert Tausend ihre Geräte, egal von GIS oder Kabel abmelden sollten, denn dann müßten sie sofort den Empfang freigeben. Denn ohne die nötigen ferngesteuerten Zuseher, die ihre vertrottelten Werbungen sehen, könnten die diversen Stationen sofort zusperren. Wahrscheinlich nicht der ORF, denn der wird ja sicher von unseren Steuern subventioniert.

Nur wird man die sechs Kategorien leider nie dazu bringen, so etwas zu tun, denn da müßte man ja wirklich mal „den Hintern bewegen" und nicht hinter dem Ofen sitzen und nichts tun wollen, solange es uns noch so gut geht, und wie schon Arik Brauer sang:

„Er steckt sein Köpferl in Sand"!

Noch besser wäre natürlich, da die ferngesteuerten SELFIDOTEN ja so gerne ihre Smart Phones haben, wie vor fünfzig Jahren in der Central Station in New York, wo bei den Sitzen kleine TV Geräte montiert waren, wo man die Zeit wenn man auf den Zug wartete, auf den TV Geräten fernsehen konnte, natürlich mußte man auch einen „Quater" (25 Cent) oder Dime (10 Cent) einwerfen. Nun ganz einfach und eigentlich für das System und Regierung noch vorteilhafter, wenn man ein Programm oder diversen Sendungen sehen will, kann man es sich über sein Smart Phone abbuchen lassen. Somit wissen die dann noch besser, was die sechs Kategorien so ansehen, und wann, und man braucht dann nicht auf Einschaltquoten bei Meinungsumfragen zurück greifen, die sowieso alle nicht stimmen. Die aber nun mit den Smart Phones sowieso nicht mehr nötig sind, denn bis zu Gang zum WC wird alles aufgezeichnet und gespeichert, und was so ziemlich ganz sicher ist:

„Kann gegen Sie verwendet werden"!

Viele zahlen ja schon die Kurzparkzonen mit Handy oder nun Smart Phones, damit die diversen Magistratsabteilungen ja genau wissen wann und wo jemand parkt. Damit können sie dann gleich eine Studie ausarbeiten, wo die Gebühren teurer werden könnten, wenn man genau weiß, welche Kategorie von SELFIDOTEN zu welcher Zeit die Parkplätze benützt und was er da eigentlich macht, geschäftlich oder privat, keine Info bleibt mehr verborgen. Solche Informationen waren früher nie möglich, denn keine Magistratsabteilung wußte wo man die gekauften Parkzettel ausgefüllt und benutzt hat. Jetzt wissen sie genau wo und auch noch dazu die genaue Uhrzeit sich die SELFIDOTEN genau befinden, und der jeweilige „Parksheriff" kann nun bei der Kontrolle für immer und ewig den Standort des jeweiligen Fahrzeuges zu Datenzwecken speichern.

Intermission: Ich weiß natürlich, es widerspricht jeder Art und Weise so ein Buch zu schreiben, aber ich sitze ja am Segelboot in Petite Martinique/Grenada heute der 27. Februar 2020 und wollte nur kurz anmerken, obwohl wir am Montag den 24. (bei uns Rosenmontag) auf die „Port Authorities" wegen unseres Schadens gewartet haben, sind sie natürlich nicht gekommen, und ich habe eigentlich auch nicht damit gerechnet. Nachdem ich gestern mit unseren jungen Polizisten der den Report aufgenommen hat kurz gesprochen habe, meinte auch dieser, daß vielleicht der andere Polizist vergessen hat, daß ja noch Karneval ist, und die da eher keine Zeit für uns haben.

Es ist ja in Carriacou alles mit Barrikaden vor den Geschäften gesichert (ähnlich wie bei einem Hurrikan), damit bei den Festivitäten nicht alle Scheiben zu Bruch gehen. Und wiederum sah und spürte ich ganz deutlich, daß wir hier sehr schlechte Karten haben, denn anscheinend macht es wenig aus, das ein „Local" („Mr. Necholas Delisle") einem österreichischen Boot einen, wahrscheinlich Totalschaden zufügt und keine Meldung macht, denn wir bekommen noch immer keine Kopie von unserem Report und der Polizist meinte nur, die Dinge bei den Behörden gehen sehr langsam, was uns aber nicht gerade neu ist. Hier gibt es weder einen Dolmetscher, noch irgendwelche Unterstützung bei einem Behördenweg, hier sollten sich unsre NGO's und „Gutbürger" einmal um ihre Rechte kümmern müssen, damit sie sehen wie es wirklich im Ausland zugeht. Hier gilt überall sicher das Motto: „Grenada first"

Nicht wie bei uns in Österreich, wo Migranten, Flüchtlinge, Asylanten noch vor den gebürtigen, die „letzten" noch ohne Migranten Hintergrund, Österreichern kommen und ihnen jede Hilfe und Unterstützung gewährt wird. Da die hier wissen, in 14 Tagen sind wir wieder weg, ist ihnen das noch mehr egal, aber für mich sicher noch nicht zu Ende, es werden ein paar Minister und Konsulat noch von mir hören, ob es was nützt, wird sich zeigen, von österreichischen Medien werde ich sicher keine Hilfe erwarten können.

Um 1350 kommt die „Coast Guard" und legt auf Tankstellenmole an, aber wie ich dachte, keine „Port Authorities" kommen zu uns, noch hat uns die Polizei angerufen, um 1640 fährt „Coast Guard" wieder ab, aber irgendwie wußte ich das schon vorher. Wäre hier noch Britisches „Maritime Law" das eines der strengsten ist, gebe es so was sicher nicht, da sieht man doch, daß gewisse Länder und Leute sicher nicht die „Unabhängigkeit" bekommen sollten, es bleibt die „Dritte Welt"! Nur das könnten die NGO's und „Gutmenschen" eben nur lernen, wenn sie so wie wir, Jahrelang in diesen Ländern und mit den Leuten gelebt haben, und nicht glaubt, weil jemand dort 14 Tage im Urlaub war, das er Land und Leute kennt, geschweige denn, deren „Kultur"!

Was sie auf der Insel Lesbos mit den NGO's und „Gutmenschen" gemacht haben, habe ich ja mit einem Sprung zurück im Buch, bereits auf der Seite 59 beschrieben, aber wie es hier mit unserer Abreise weiter gehen wird, und was mit dem „Corona Virus" hier in der „Dritten Welt" noch rauskommen wird, ist sicher nicht voraussehbar. Für Grenada ist zu hoffen, daß es hier nicht zu einem „Ausbruch" des Virus durch eventuelle Kreuzfahrtschiffe kommt, denn die haben sich selber nicht im Griff, geschweige denn eine Pandemie.

Eigentlich wäre hier in Petite Martinique auf unserer „Key of life" der sicherste Platz, aber da würde unsere „Shiva" (La Bestia) noch länger im „Kriegsgefangenen" Lager im Countryhof bleiben müssen, was wir sicher nicht wollen, somit hoffentlich keine Probleme auf unserer Reise.

Um wieder zu TV und Radio zu kommen. Da gibt es zu österreichischen Programmen natürlich schon eine „Steigerung", wie hier im Radio deutlich hörbar wird. Wir hören hier fast immer am Morgen um 0800 die Radio Station von Grenada „Classic FM" auf 105,9 Mhz, wo sie dann zu den BBC News umschalten. Zum Leidwesen für uns, diese Sprecherin im Radio dürfte eine der „Dümmsten" sein. Denn fast täglich redet sie den morgendlichen Unsinn, den sie „verzapft", über die Zeit. Sie sagt sogar noch dazu, daß die BBC News schon im Gange sind, spielt aber dann sogar noch einen Song für eine halbe Minute an. Wenn dann endlich die Nachrichten kommen, haben wir manchmal schon bis zu drei Minuten verpaßt und haben natürlich keine Ahnung, was da vorher gebracht wurde, wenn man nur mehr die letzten Wörter von einem Satz hört. Da merkt man halt doch, daß man in der „Dritten Welt" ist. Denn solch ein Radiosprecher, hätte selbst in Österreich, wo sogar Stirman und Grisseman eine TV Show bekommen, keine lange Überlebenschance.

Nach den BBC News dürften die schon vor dem „BREXIT" nicht mehr zu Europa gehört haben. Denn sie bringen zwar was sich z.B. bei den Wahlen in Ghana tut, ob in Indien Frauen vergewaltigt wurden, und jetzt natürlich auch Meldungen über den „Corona Virus". Aber man hört eher selten was über Europa selbst, geschweige denn von Österreich, außer sie können was über die FPÖ bringen, wie weit „rechts" wir in der Politik stehen, dafür natürlich die Kricket Ergebnisse von Südafrika und Sri Lanka.

Die Bürger von Grenada, sogar hier von unserer Insel mit 600 Einwohnern, hören eher mehr was sie so im TV bringen, denn fast jeder hier hat einen „Amazon Fire stick" oder schaut mit „Netflix". Also sind auch für sie die BBC News eher uninteressant. Und wenn die „Selfidoten" die hier mit ihren Smart Phones herumlaufen, in der Nähe einer kostenlosen WLAN Station sind, habe sie sogar Zugang zum Internet. Denn ein Vertrag mit einem Provider hier, mit Datenübertragung und Internet, hat hier fast niemand. Dafür werde ich aber sogar nur mit meinem Handy von Digicel im wahrsten Sinne des Wortes, mit Werbung per SMS zugeschissen, mit täglichen Gewinnspielen und Angeboten, wenn ich jetzt ein „Top up" mache. Man kann sogar seinen Angehörigen, per SMS das Handy aufladen, da ich aus Erfahrung von unseren Freunden und Bekannten hier in PM weiß, daß sie eigentlich nie ein Guthaben auf ihrem Telefon haben.

Ich möchte mich an dieser Stelle beim werten Leser entschuldigen, wenn sich jemand durch meine „Ergüsse" bis hier durch gelesen hat, daß ich in diesem Fünften Kapitel, das eigentlich über die verblödeten TV Shows handeln sollte, etwas „abgerutscht" bin und auch wieder Geschichten über Migranten und Flüchtlinge eingefügt habe. Aber so wie schon in meinem Buch „Zum Denken verurteilt" schreibe ich auch hier als Therapie für mich um es mir von der Seele" zu schreiben, was mir so am Herzen liegt und ich loswerden will. Eigentlich will ich es hinaus schreien, wie bei einem Soul Song „wen es schmerzt der schreie, und alles wird leichter". Aber wer hört mir schon zu?

Da man ja jetzt schon bemerkt haben wird, daß ich eine sehr sonderbare Art zu schreiben habe, kann ich kurz anmerken, daß ich bereits wieder in Klosterneuburg im Haus am Rolandsberg bin und noch nicht richtig weiß, wie ich weiter schreiben soll. Die verblödeten TV Shows haben weiter zu genommen, wie mit „Amore unter Palmen", „Geschäft mit der Liebe" usw. Es wundert mich immer wieder, mit welchen Sche… man die Leute vor ihren TV Geräten „fesseln" kann. Nun bringen sie im Zuge des „Corona Wahnsinns" eine Sendung nach der anderen mit Statistiken, egal von wo immer sie auch kommen, um das verblödete Volk noch weiter zu verwirren. Unsere Rückreise, wo wir noch Glück hatten, gehört hier sicher nicht in dieses Kapitel, aber ich werde diese Geschichte detailliert im Nachwort berichten.

Nun könnte mein Buchtitel noch „schwerwiegender" werden. Denn jetzt will man ja den „Selfidoten" eine **„Stop Corona"** APP auf's Auge drücken, und wenn es nach ein paar in der Regierung geht, sogar verpflichtend machen, so daß, das verblödete Volk, die APP runter laden muß. Damit sie jederzeit Zugriff auf die „ferngesteuerten" haben, und wissen, mit wem sie Kontakt haben. Dazu aber mehr im Nachwort.

NACHWORT mit „Corona" Wahnsinn!

Bemerkung eines Smart Phone Benutzers:

ICH WOLLTE EINEN FLECK VON MEINEM DISPLAY WISCHEN.
DABEI HABE ICH ZWEI APPS INSTALLIERT. DREI SMS VERSENDET.
FÜNF LEUTE GEBLOCKT UND EIN GARTENHAUS ERSTEIGERT.

Dieser Ausspruch stammt zwar nicht von mir, habe ich irgendwo im Internet gefunden. Aber er sagt eigentlich alles aus, was über die Smart Phone zu sagen ist, und ich hätte mir das ganze Buch zu schreiben ersparen können und nur „Flugblätter" mit diesem Spruch verteilen sollen.

Eigentlich will ich ja noch weiter am Buch und am fünften Kapitel schreiben. Aber wir haben heute den 9. März 2020 und wir liegen noch immer vor Petite Martinique und ich befinde mich noch auf der „Key of life I" und obwohl es wieder ein typischer Tag hier in der Karibik ist, wie man sagt: ADIP (Another day in paradise), finde ich nicht die richtigen Gedanken um weiter meine gehässigen Tiraden[13] gegen die TV Shows zu schreiben.

Der Grund ist nicht die baldige Heimreise, wo es ja noch dazu am Freitag den 13. März ist, was man als Glückstag bezeichnen kann. Denn wer meine Segelbücher gelesen hat, weiß ja, daß wir immer am Valentinstag unsere Probleme hatten. Sei es auf Grund vor den Exuma Inseln in den Bahamas zu sitzen, oder wie heuer, wenn uns die „Hero II" am Morgen des Valentinstag 14. Februar 2020 voll an STB rammt. Nur heuer habe ich im wahrsten Sinne des Wortes, „gemischte" Gefühle was unseren Heimflug betrifft. Zum einem bin ich nicht sicher, ob wir jemals noch einmal auf unser Boot kommen werden, da mit den Problemen an unseren wahrscheinlich „Totalschaden" es fraglich ist, ob wir nochmals nach Grenada kommen können.

Wobei dieses Mal nicht die Angst dabei ist, ob ein Hurrikan unser Boot zerstört, sondern, da bis Dato noch keine Antwort von „Port

---

[13] TIRADE, franz. Geschwollene Redensart, Ausdrucksweise,

Authorities" noch Polizei, noch Gericht, noch von meinem Rechtsanwalt gekommen ist, und wenn ich dann von Wien an alle Minister und Tourist Board mit Konsulat von Grenada in Wien geschrieben habe, dürfte es fraglich sein, ob sie mich jemals wieder nach Grenada einreisen lassen.

Wie in meinem Segelbuch „Unter dem Key of life" nach zu lesen ist, habe ich einmal drei Minister und das Office vom Tourist Board fast ein Jahr lang mit zig Beschwerden beschäftigt, nur weil sie mir einen Schlüssel Anhänger am Flughafen konfisziert hatten und nicht mehr zurück geben wollten. Da hatte ich aber Erfolg und sie haben den Schlüsselanhänger sogar von Grenada nach Carriacou einfliegen lassen, wo ich ihn dann mit einer sehr komplizierten Prozedur wieder zurück bekam.

Wie ich schon ein paar Seiten vorher anmerkte, wenn ich dieses Mal nicht zu meinem Recht und zu einem Schadenersatz komme, müßte ich Grenada und ihre „Independence[14]" die sie von Groß Britannien erhalten haben, auf das „schärfste" angreifen und ihnen direkt sagen, daß sie, obwohl sie das natürlich sehr bestreiten, immer noch zur „Dritten Welt" gehören. Denn wenn es hier noch das englische „Maritime law"[15] gäbe, wobei das englische Seerecht eines der strengsten war, müßte ich nicht daran zweifeln hier Recht zu bekommen. Wenn ich dann mit den Behörden in Grenada fertig bin, könnte ich mit einem Einreiseverbot belegt werden, und würde unser Boot nie mehr sehen.

Nun könnte ich mich freuen wieder nach Hause zu kommen, und am Sonntag unsere „Shiva" (La Bestia) vom „Countryhof" wieder ab zu holen, wo wir sie ja zwei Monate im „Kriegsgefangenenlager" lassen mußten, nur dieses Mal steht vielleicht eine „Pandemie" im Wege. Denn weltweit werden Flüge gestrichen und die Leute hysterisch gemacht und es sterben doch ein paar Tausend bis Dato an dem „Corona" Virus. Laut letzten Meldungen hat auch Grenada Maßnahmen bei den Einreise Bestimmungen gemacht, was uns zwar egal sein kann, denn wir reisen ja aus. Nur was man so in den Medien hört, kann es schon ein Problem werden, wenn man hustet oder gar nießen muß.

---

[14] Independence, engl. Unabhängigkeit
[15] MARITIME LAW englisches Seerecht

Auch wenn sie ihnen jetzt in Grenada im Radio erklären wie man sich die Hände waschen soll, und wie man am besten nießt, haben wir doch gute Chancen, da wir über Barbados fliegen und dort aussteigen müssen, wo wir denn ganzen „Sekier i di" Check über uns nochmals ergehen lassen müssen, wo man dann die Kisten, wo man seine Sachen reinlegen muß, natürlich auch angreifen muß, wo schon ein paar Tausend Hände vorher dran waren, wo sich sicher keine 10% vorher die Hände gewaschen haben, wo denn auch, zwischen Flugzeug und „Security Point" ?   Nur hier in Barbados ist es total vertrottelt. Man muß nämlich auch beim Aussteigen in die Transithalle die Prozedur über sich und dem Handgepäck und Computer über sich ergehen lassen und eine Stunde später wieder beim Einsteigen. Dazwischen wird das Flugzeug von Condor gereinigt, wo ich da bei der Gründlichkeit auch eher skeptisch bin, soweit ich unsere „Mohren" kenne. Jedenfalls was wir hier in den Nachrichten gehört haben, werden von allen Flügen die von Italien kommen, die Passagiere sofort in 14 tägige Quarantäne genommen.

Spätestens in Frankfurt, steigen die Chancen sich zu infizieren noch einmal, bevor wir nach Wien weiter fliegen können. Vor allem haben sie vor ein paar Tagen in Frankfurt sogar den ICW angehalten weil einer darin auffällig gehustet hatte. Obwohl mir mein Freund Stefan aus Schottland geschrieben hat, daß auch dort die Flüssigseife ausverkauft ist und er meinte dazu: Nun waschen sie sich endlich einmal die Hände! Wir wären, wenn wir wollten, Dank meiner Bordapotheke mit OP Handschuhen, Gesichtsmasken und Desinfektionsmittel ausgerüstet, aber die normalen Gesichtsmasken sollen angeblich sowieso nichts nützen.

Es gibt ein französisches Sprichwort das sagt:

„Die Angst, mindert die Gefahr nicht"

Allerdings sagt ein anderes Sprichwort wiederum:

„Wer sich in Gefahr begibt, kommt darin um"

Nur in unseren Fall, müssen wir uns dieser Gefahr des Heimfluges stellen, ob wir wollen oder nicht. Denn wir verlieren, wie ich ja schon vorher in einem Kapitel im Buch angesprochen habe, wenn wir länger als zwei Monate von Österreich weg sind, unsere Ausgleichszulage, und das würde uns sehr weh tun. Unsere Shiva würden wir auch erst später sehen, obwohl wahrscheinlich hier am Boot und unserer Insel, der sicherste Platz wäre um eine Infektion zu vermeiden. Aber dann hier in Petite Martinique ohne Ausgleichszulage auszukommen, wäre sicher nicht leicht, denn mit 300.-€ Rente alleine wird es hier sehr knapp, und ich müßte wahrscheinlich zum Angeln anfangen, damit wir nicht verhungern.

Viele unserer Freunde und Bekannten glauben immer noch, wir machen hier am Boot nur Urlaub, was aber sicher nicht der Fall ist. Wir leben nur wo anders. Nun wie Humbold schon sagte, wer die Welt nicht angeschaut hat, außer 14 Tage im Urlaub in Lignano oder auf einen „all inclusive" Urlaub sonstwo, hat wenig Ahnung und glaubt dann vielleicht, man kann auf so einer kleinen Insel noch billig leben. Sicher so wie die Einheimischen kann man natürlich hier „Langusten", denn Hummer gibt es hier in den Gefilden nicht, bis zum „umfallen" in sich hineinstopfen. Natürlich nur wenn man sie selbst fängt, denn hier sind Langusten eigentlich ein „arme" Leute Essen, und sie werden zwar verkauft und sie leben davon, nur der Preis den sie bekommen, ist weit entfernt von dem Preis, für den sie dann in den Hotels den Touristen verkauft werden.

Im Supermarkt ist es für uns eigentlich sehr teuer, denn hier bekommt man sicher keine Dose Bier um 50 Cent wie bei uns. Hier sind es eigentlich Einheitspreise, ob Bar oder Supermarkt, die Dose Bier kostet immer 5 (fünf) EC\$[16], also je nach Kurs 1,70 €! Einen Liter haltbar Milch bekommt man um 2,50 € und so kostet auch Fleisch, wenn auch nur im gefrorenen Zustand erhältlich, egal ob Huhn oder Schwein, sicher den doppelten Preis wie bei uns. Dafür ist die Qualität um die Hälfte schlechter als bei uns. Also mit meinen 300.-€ Grundrente, würde ich es hier sehr schwer haben zu überleben, geschweige denn, könnte ich in das Boot etwas investieren.

Da erhebt sich wirklich die Frage, warum machen wir das eigentlich? Nun der Aufenthalt, leider nun jedesmal mit einer Menge

---

[16] EC\$ (XCD) East Caribbean Dollar, 1000.- EC\$ mit Spesen für abheben,ca.355 €

Ärger, hat mich doch dazu angeregt an meinen Büchern zu schreiben, denn in Wien und auch nicht in Klosterneuburg hätte ich es je geschafft nun schon vier Bücher fertig zu schreiben. Obwohl ich ja für mein „Zum Denken verurteilt" 35 Jahre gebraucht habe. Einer der Gründe warum ich natürlich lieber am Boot bin, nicht nur weil es hier wesentlich wärmer im Winter als bei uns ist, und weil ich ehrlich gesagt das Meer sehr vermisse und mich bald schon nicht mehr als „Capitano di tutti Capitani" bezeichnen kann. Nochmals, damit es auch der größte „Vollkoffer" begreift, das hier ist KEIN Urlaub, es ist ein divergentes[17] Leben zu Eurem.

Ich möchte aber auch einiges klar stellen. Wenn wir nicht hier unser Boot auf der eigenen Muring kostenlos liegen hätten, und uns somit der Aufenthalt bis auf die Verpflegung nichts kostet, sicher nicht nach Petite Martinique kommen wollen. Obwohl wir vormals Pläne hatten hier ein „Bussines" mit dem ECC (Energie Center Caribic) zu machen und sogar vorhatten eine Pyramide zu bauen. Trotzdem würden mich sicher keine zehn Pferde dazu bringen hier öfters her zu kommen.

Mit Freunden die wir hier auf der Insel kennengelernt haben, Jacky eine Engländerin und Yve ein Franzose, die freiwillig seit Jahren für zwei Monate herkommen, aber für ihr Quartier, hier nicht gerade so billig, bezahlen müssen, weil er hier überall angeln kann, machte ich sogar den Scherz und sagte ihm, das es „geschichtlich" belegt ist, das Napoleon wählen durfte als er in die Verbannung geschickt wurde, zwischen Petite Martinique und Elba. Wie man weiß hat er Elba gewählt.

Siehe Webseite www.ankh-refugium.com oder Reiseberichte und Fotos unter www.segelclub.ankh-refugium.com noch besser für mich wäre natürlich, sich alle drei Teile von „Unter dem Key of life" zu kaufen. Die ISBN Nummern stehen am Ende des Buches.

Aber vielleicht ist es doch für Einige interessant. Auch wenn dieses Buch eigentlich nichts mit Fahrtensegeln zu tun hat, und mancher gar nicht versteht warum, ich überhaupt diese Themen, die so gar nichts mit dem Titel des Buches zu tun haben, „angeschnitten" habe. Um ehrlich zu sein,

---

[17] DIVERGENT lat. Entgegengesetzt,

ich weiß es selbst nicht. Es ist im Zuge des Schreibens aufgetreten und eben „eingebaut" worden, nicht nur um das Buch zu strecken.

Also ich hoffe, der Leser versteht warum ich nicht den richtigen „Löffel" finde um am fünften Kapitel weiter zu schreiben. Obwohl ich mich gerne ablenken lassen würde, um nicht an die Heimreise und diesmal sicher streßvollen Flug zu denken, und ich deshalb hier im Nachwort „herum schreibe"! Da ja mein Schreibstil, wenn man da überhaupt von einem „Stil" sprechen kann, ja sowieso sehr unorthodox ist. Die meisten, vor allem wirkliche Schriftsteller, haben ein Konzept wenn sie anfangen an irgendeinen Roman zu schreiben. Aber da es ja kein Roman ist, sondern ein „Erfahrungsbericht" mit eingeflochtenen „Life Berichten" ist mein Buch wahrscheinlich nirgends wirklich ein zu ordnen.

Zurück in Klosterneuburg und im „Corona Wahnsinn"

Bevor ich noch von unserer abenteuerlichen Heimreise Bericht erstatte, muß ich kurz den Eindruck vom gestrigen Tag, den 14. April 2020 berichten, wo man wieder das absolut verblödete Volk beobachten konnte, wie sie, nachdem die Baumärkte wieder aufsperren durften, und die „Vollkoffer" in langen Schlangen angestellt waren, und sogar „Kämpfe" um die Einkaufswagen entstanden. Keiner wollte auch nur einen Tag warten, weil ja jeder sofort seine Fliesen verlegen mußte oder seine Pflanzen einsetzen muß, obwohl er jetzt ja schon wochenlang darauf warten mußte. Also was kann man von so einem verblödeten Volk erwarten?

Die Lehrer können sich laut Aussagen von Hofer in Pressekonferenz am 16.4. in ORF III, bei 20% auch mit den Eltern nicht ohne Dolmetscher unterhalten und somit ein Lernen über das Internet und Computer sehr schwer wird. Auf diversen freien Plätzen wie z.B. Jubiläumswarte, wo man keinen freien Parkplatz findet wenn man dort mit seinem Hund spazierengehen will, liegen dutzende Familien zusammen. Erwachsene die sicher nicht im gemeinsamen Haushalt leben, wo natürlich von Masken sicher nicht die Rede sein kann, und natürlich spielen dutzende Kinder zusammen auf den Wiesen. Wenn man so was beobachtet, dann möchte ich nicht daran denken, was da noch auf uns zukommen könnte, und was ich zwar nicht hoffe, wir mit einer zweiten Corona Welle konfrontiert werden könnten. Ich überlasse es der Fantasie des Lesers, um welche Familien es sich dabei handelt. Aber ohne rassistisch zu sein, ich kenne wenig gebürtig österreichische Familien, die so viele Kinder haben, also dürfte es sich da doch eher um Migranten handeln.

Wenn ich das hier schreibe, wird man wieder sagen, ich bin ein Rassist, aber wieder kommt mir die Galle hoch, wenn ich bedenke, sie nehmen gerne unser Geld und Gesundheitssystem in Anspruch, wollen aber nicht unsere Sprache lernen, noch die von der Regierung aufgestellten Regeln für die Zeit der Corona Krise befolgen, geschweige denn, sich unserer Kultur anpassen! Hier sind wir auch gleich wieder bei der EU, wo unsere Nachbarstaaten machen was sie wollen. Die Grenzen schließen und keine Rücksicht auf EU oder andere Länder nehmen, aber dann lauthals um Unterstützung und Geld von der EU fordern. Warum die EU nicht funktionieren kann, habe ich ja schon in meinem anderen Buch geschrieben und will es hier nicht wiederholen.

Nun stellen sie fest, daß unsere Krankenkassen an die Grenzen ihres Budgets kommen. Was ja jedem der etwas logisch und vernünftig denken kann, sicher nicht verwundern wird. Wir versorgen ja mit unserer E-Card ja bereits den ganzen Ostblock, wobei da zu bedenken ist, das alle Migranten die zu uns kamen und nun „Österreicher" wurden, mit drei bis vier Kinder nach Österreich kommen, aber wenn es überhaupt der Fall ist, davon der Mann arbeitet. Aber die Frau und ihre Kinder für die nächsten 18 Jahre Kinderbeihilfe bekommen und von unserem Gesundheitssystem versorgt werden. Das diese „Schulmädchen Rechnung" nie funktionieren kann, müßte sogar dem dümmsten Beamten oder Politiker klar sein, was aber bei uns in Österreich nicht der Fall sein dürfte. Das hier die „Gäste" nicht Deutsch sprechen, und auch nicht lernen wollen, denn sie bekommen auf jeden Amt kostenlos einen Dolmetscher zur Verfügung gestellt. Als wir in den USA geheiratet haben und leider keine „Apostille von Florida" hatten, mußten wir die Übersetzung unserer Heiratsurkunde natürlich mit 1800.- ATS selbst bezahlen. Wir sind ja gebürtige Österreicher und keine Migranten. Wenn man sich da nicht „verarscht" von unserem Staat vorkommt, wann dann?

Nun kommen auch noch Züge aus Rumänien um Pflegekräfte heran zu schaffen, weil keine in Österreich zu finden sind. Wenn diese und alle vorherigen Regierungen ein Gesetz gemacht hätten, das unsere einheimischen Pflegekräfte mit einem guten Lohn versorgt würden, dann könnten wir uns ersparen 24 Stunden Pflegekräfte aus dem Ausland zu besorgen, wo dann Geld gespart wird und ein paar Agenturen daran verdienen. Die Pflege von älteren Personen für 24 Stunden ist ein harter Job, wie ich aus eigener Erfahrung bei meiner Tante gesehen habe, und das gehört auch gebührend belohnt. Aber zu solchen Maßnahmen sind bis Dato keine der Regierungen fähig gewesen. Somit sind wir auf Länder wie Rumänien, Bulgarien und Tschechien angewiesen um unsere älteren Bürger versorgen können.

Daß dieses System nicht so richtig funktioniert, vor allem die Regierungen selbst nicht wissen was da wirklich abläuft, beweist ja auch was sich in Deutschland in den Fleischfabriken abspielt, wo jetzt Hunderte Corona Fälle aufgetaucht sind. Dort werden die billigen Gastarbeiter in Elendsquartieren untergebracht und an die Fleischfabriken vermittelt. Auch dort, sowie in Österreich, ist es nicht so wirklich „sichtbar" wer hier mehr daran verdient, die Vermittlungsagenturen oder die Arbeiter? Hier in Österreich läuft es ja fast bei allen Firmen nun auch so. Es werden Leiharbeiter von Agenturen vermittelt, die sie am liebsten von den ärmsten Ländern zu uns „karren" lassen, weil je billiger und unter schlimmsten Bedingungen man sie unterbringen kann, um so lieber ist es den Agenturen. Das da natürlich niemand Deutsch kann wird ja auch den Dümmsten nicht verwundern, und wie am Bau werden die Aufträge an Sub Firmen vermittelt, die schon zig Mal unter verschiedensten Namen in Konkurs gegangen sind. Dank der EU geht das immer wieder weiter und unsere unfähigen Regierungen lassen es zu und falls sie nicht wissen, was da vor sich geht, dann sind sie noch verblödeter als es jetzt schon den Anschein hat.

Vielleicht braucht es da eine "Task force" um solche Regierungen abzusetzen, wenn sie dazu nicht einmal fähig sind einen guten Lohn zu bezahlen, ebenso bei den Landarbeitern die wir importieren müssen! Denn dann würde wie jetzt in den Corona Zeiten, wo auch das AMS an ihre Grenzen kommt, es vorher, und in Zukunft weniger Arbeitslose geben. Nur warum soll eine österreichische Pflegekraft, oder ein Erntehelfer um weniger Geld arbeiten, wenn er als Arbeitsloser vom AMS mehr Geld bekommt? Somit lassen wir lieber ausländische Arbeitskräfte nach Österreich kommen, die eben für einen „Hungerlohn" bei uns arbeiten. Was soll man von einer Regierung halten, die solch ein System unserem „verblödeten" Volk „verkaufen" kann? Leider kann hier, mit diesem Volk im Hintergrund, nicht einmal eine Revolution was ändern!

Was Regierungen anrichten können und dem Volk alles einreden kann, erinnert sehr an die katholische Kirche. Wo ein seniles Oberhaupt wie der Papst, den Segen „Urbi et orbi" gegen Corona ein paar Tage vor Ostern vorzieht um dabei „Gott" um Hilfe zu bitten! Wie bescheuert muß man da sein, um daran zu glauben, daß es etwas hilft? Sicher genau so bescheuert um irgendeinen Politiker oder Partei etwas zu glauben. Aber sie schaffen es immer wieder Anhänger zu finden. Wenn man sich dann die Fernsehprogramme, speziell vom ATV ansieht, oder Medien wie „Heute", „Österreich" oder die „Kronen Zeitung" versteht man besser wieso es sein kann, wenn es Leute gibt die da Leser oder Zuseher sind.

Nun beginnen die Diskussionen, ob die verordneten Quarantäne Beschränkungen der Regierung gegen die Verfassung verstoßen. Die Lager spalten sich in zwei Gruppen, die Verschwörungstheorien verbreiten sich im Internet wie ein Lauffeuer und die Gewalt in der Familie nimmt rapide zu. In den Nachrichten am 12.5.2020 wurde von einer „rechten" Gruppe der Kirche eine neue Verschwörung Theorie aufgestellt. Die behaupten, daß „dunkle" Mächte die Weltherrschaft übernehmen wollen und deshalb die Freiheit zur Versammlung einschränken wollen.

Ich weiß sicher nicht, ob die Maßnahmen der Regierung richtig waren oder nicht. Nur wenn ich die Situation in anderen Ländern betrachte, konnte das Ganze nicht so falsch gewesen sein. Das hier natürlich, wie bei allen politischen Aktionen, viele Dinge nicht so laufen wie es von den Politikern versprochen wurde, dürfte auch dem Dümmsten klar sein. Das habe ich schon in meinem vorigen Buch geschrieben. Meiner Meinung nach, kann nur jemand ein Interesse haben in die Politik zu gehen, wenn er als Voraussetzung die Fähigkeit zu Lügen und Korrupt zu sein mitbringt. In der Politik trifft meine von mir aufgestellte 90:10 Regel voll zu. Denn sicher sind nur 10% der Politiker wirklich interessiert etwas für Österreich zu tun. Die anderen 90% arbeiten in ihre eigene Tasche, für ihr eigenes Ego und ihre Partei. Ich entschuldige mich hier bei den 10% die wirklich für Österreich arbeiten, daß ich sie hier in denselben „Topf" werfe.

Nun werfen natürlich die Opposition Parteien der Regierung vor, alles falsch gemacht zu haben, obwohl sie vorher wie man die Regelungen und Maßnahmen beschlossen hat, alle Einstimmig dafür war. Eines ist sicher, wenn sich drei Parteien über etwas einig sind, dann, daß die vierte Partei alles falsch gemacht hat. Natürlich meint die SPÖ, die Partei wo die „Richtung stimmt", (wie jemand der einen Doktor Titel hat, so etwas sagen konnte ist mir immer noch unklar) oder FPÖ und NEOS das alles zu wenig ist und viel mehr Geld in die Wirtschaft fließen soll, aber natürlich hat niemand dazu eine Idee woher das Geld kommen soll. Außer verblödet daher reden ist auch die Opposition zu nichts fähig. Aber immer noch glauben die „Sechs Kategorien" Österreicher, an das was die da so von sich geben. Aber über unsere Politiker nachzudenken, verursacht sofort Übelkeit, und man braucht einen Kübel um sich zu übergeben. In der SPÖ zweifeln sogar die eigenen Mitglieder an, ob die letzte Abstimmung über den Vorsitz mit rechten Dingen zugegangen ist. Die „Grünen" haben in der Corona Krise Zeit einen „Pop up" Radweg in der Prater Straße gemacht. Wie wenn die vielen Radwege in Wien, wie ja schon im vorigen Kapitel beschrieben, nicht vertrottelt genug sind! Und wiederum gebrauchen sie englische Ausdrücke. Wahrscheinlich damit die 250.000 Analphabeten die wir in Österreich haben es besser verstehen. Denn um ehrlich zu sein, ich kann mich seit Jahren mit Englisch in vielen Teilen der Welt verständigen, aber ich kann mir nichts unter einem „Pop up" Radweg vorstellen, außer daß ich wüßte, wo hin sich derjenige der die Idee dazu hatte, diesen stecken kann! Immer mehr denke ich an einem Spruch, den einmal jemand gesagt hat:

„Hängt alle Grünen, solange es noch Bäume gibt"

Bitte ich sage sofort, daß ich das natürlich nicht sage, denn ich finde es schon wichtig, unsere Bäume zu erhalten. Nur ob die Ideen der „Grünen" immer richtig sind, wage ich zu bezweifeln! Nur leider haben wir eine solche Partei in der Regierung. Aber an sich ist das vollkommen egal,

denn egal wem man in die Regierung wählt und welche Kollation zustande
kommen würde, es ist immer genau so wie wenn man zwischen Cholera
und Pest wählen muß. Im Augenblick haben wir die Wahl zwischen
„CORONA und COVID 19", also bleibt es wie bei jeder Regierung gleich
und wir können nicht einmal das „geringere Übel" wählen, da wir keine
Wahl haben, sie verursachen alle nur „Übelkeit"! Es hat natürlich schon
sehr viel mit dem Erscheinungsbild, Ansehen und Auftreten eines Politiker
zu tun, wenn ich jetzt als Beispiel „Kurz" und „Kogler" nehme. Ich würde
keinem etwas glauben was sie so daher reden, und es kommt natürlich auch
darauf an, wie weit einem jemand Sympathisch ist oder nicht, nur hier
würde ich doch Kurz, obwohl er so jung ist, eher zuhören und ihm etwas
zutrauen. Wobei ich bei Kogler meine, er hätte lieber Bauer werden und
nicht in die Politik gehen sollen. Aber bei uns haben ja sogar Politiker eine
Chance Bürgermeister zu werden, auch wenn sie schon um 0900 morgens
auf einen „Spritzwein" gehen, wo er aber zum durchschnittlichen Volk
paßt, was ja der Alkoholkonsum in Österreich beweist. Es war aber schon
immer so. Wenn eine Partei, egal um welche es sich da handelt, der
anderen Partei kräftig „Staubzucker" in den Arsch bläst, um auch einmal in
die Regierung zu kommen, treten ihre „Ideale", falls sie überhaupt welche
haben, schnell in den Hintergrund.

Nun haben sie für die „Selfidoten" eine „Stop Corona" APP
entwickelt. Angeblich im Auftrag vom „Roten Kreuz" um die Leute noch
besser zu kontrollieren, wer sich mit wem, wo und wann trifft. Es gab sogar
Ansätze von ein paar Politikern sie „verpflichtend" auf den Smart Phones
installieren zu müssen! Wie das überhaupt hätte gehen sollen ist mir noch
mehr unklar, denn Erstens gibt es ja noch ein paar normale und vernünftige
Leute die ihr Leben nicht den ganzen Tag online im Internet verbringen
wollen, somit auch kein Smart Phone besitzen, geschweige denn einen
Vertrag haben und Unmengen von freien GB haben um immer online zu
sein! Wie hätte das also funktionieren sollen? Hätte man dann allen ein
Smart Phone geschenkt und einen gratis Vertrag für die Datenübertragung
gegeben? Schon das alleine sagt genug über unsere „Intelligenz Bestien" in
der Politik aus. Vor allem glauben ja die „Ferngesteuerten" im Internet die
„Wahrheit" zu erfahren. Egal was irgend ein Vollkoffer so in seinem
„Blog" schreibt, und nach Ansicht von zig Meinungen und Videos auf „U-
Tube" hat man die Chance zwischen 50:50 der Meinungen zu wählen, also

würde es in der Entscheidungskraft der „Sechs Kategorien" liegen was sie als Wahrheit glauben wollen.

Nur das ist es was ich schon über die Demokratie geschrieben habe und warum sie nicht wie die EU funktionieren kann. Wir haben hier wieder zwei große Lager mit zwei Meinungen. Es ist wie wenn man über die Homöopathie oder den Nahrungsergänzungsmittel diskutieren würde. Es kann ihnen jede wissenschaftliche Studie beweisen, daß sie damit nur teuren Urin kaufen. Sie würden nur das glauben was sie wollen, und so wird es immer sein. Deshalb fürchte ich auch für eine zweite Welle von Corona, wo ich aber doch hoffe, daß sie nicht kommen wird. Aber unser verblödetes Volk in Eigenverantwortung zu lassen, kann meiner Meinung nur in die „Hose" gehen. Da weder ich, noch sonst jemand anders Erfahrung mit dem „Corona Virus" hat, muß man eben selbst entscheiden was richtig oder falsch sein kann, und damit haben sicher 90% ein großes Problem.

Einer der jedenfalls mit Technik und Daten eine Ahnung hat ist Hr. Schneier aus GB und er erklärt es in seinem „Blog" relativ gut. Dank meines gescheitesten Freund Stefan, der jetzt leider in Schottland lebt, habe ich aber eine relativ gute Übersetzung für den werten Leser:

Warum die Stop Corona APP nicht funktionieren kann!

https://www.schneier.com/blog/archives/2020/05/me_on_covad-19_.html
teilweise übersetzt von translate.google.co.uk
2020-05-08

Dies ist ein klassisches Identifikationsproblem, und die Wirksamkeit hängt von zwei Dingen ab: "falsche positiven" und "falsche negativen" Ergebnissen.

Falsches Positives: Jede App hat eine genaue Definition eines Kontakts: Nehmen wir an, es ist länger als zehn Minuten weniger als zwei Meter. Die falsche-Positiv-Rate ist der Prozentsatz der

Kontakte, die nicht zu Übertragungen führen. Dies wird mehrere Gründe haben. Erstens sind die Standort- und Näherungssysteme der App - basierend auf GPS und Bluetooth - einfach nicht genau genug, um jeden Kontakt zu erfassen. Zweitens sind der App keine "mildernden" Umstände wie Wände oder Trennwände bekannt. Und drittens führt nicht jeder Kontakt zur Übertragung; Die Krankheit hat eine Übertragungsrate von weniger als 100% (und ich weiß nicht, was das ist).

Falsches Negatives: Dies ist die Rate, mit der die App einen Kontakt nicht registriert, wenn eine Infektion auftritt. Dies wird auch mehrere Gründe haben. Erstens Fehler in den Standort- und Näherungssystemen der App. Zweitens Übertragungen von Personen, die die App nicht haben (selbst Singapur hat eine Adoptionsrate von 20% für die App nicht überschritten). Und drittens ist nicht jede Übertragung das Ergebnis dieses genau definierten Kontakts - das Virus wandert manchmal weiter.

Angenommen, Sie nehmen die App zum Einkaufen mit und werden anschließend über einen Kontakt informiert. Was sollte man tun? Es ist nicht genau genug, um sich zwei Wochen lang unter Quarantäne zu stellen. Und ohne allgegenwärtige, billige, schnelle und genaue Tests können Sie die Diagnose der App nicht bestätigen. Der Alarm ist also nutzlos.
Angenommen, Sie überprüfen die App nach einem Lebensmitteleinkauf, und werden nicht über Kontakte informiert. Ist alles in Ordnung? Nein, vielleicht nicht. Sie haben eigentlich keine Ahnung, ob Sie infiziert wurden.
Das Endergebnis ist eine App, die nicht funktioniert. Die Leute werden ihre schlechten Erfahrungen in den sozialen Medien veröffentlichen und die Leute werden diese Beiträge lesen und erkennen, daß der App nicht vertraut werden kann. Dieser Vertrauensverlust ist noch schlimmer als überhaupt keine App zu haben.

Es hat nichts mit Datenschutzbedenken zu tun. Die Idee, daß die Kontaktverfolgung mit einer App und nicht mit Fachleuten für menschliche Gesundheit durchgeführt werden kann, ist einfach nur dumm.

Egal wie das noch alles ausgehen wird, eines ist sicher, der Corona Virus wird von allen Medien schamlos ausgenutzt, indem sie die ferngesteuerten Nasenbohrer dazu verleiten ihr Fotos aus der Quarantäne und ihren Freizeitaktivitäten an die diversen Medien zu senden, wo sie ihre Familie und sich selber „posten" können, wie es die „Selfidoten" so gerne machen. Nun haben dafür alle Medien eine genaue Angabe wann, wo, und was einer der „Vollkoffer" gerade getan hat, und können ihre nächste Werbekampagne auf sie ausrichten. Ich kann mir beim besten Willen nicht vorstellen, ein Foto vom „Ignaz Goartengschirrl, aus der Kanawastigossn 33" mit seiner Großmutter, Kindern oder Freunden sehen zu wollen. Eigentlich bräuchte es gar keine „Stop Corona APP", denn nicht nur das sie immer wissen wo sich im Umkreis der Sendeantennen ein normales Handy befindet, über die Smart Phones wissen sie sowieso über jeden der Schritte Bescheid, und diese Informationen werden freiwillig gegeben!

Auf „face book" und „Whats app" kursieren immer mehr falsche Meldungen und Verschwörungstheorien, und natürlich auch auf „U-tube" wo diverse Foren und „Bloggern" von millionen von „Ferngesteuerten Nasenbohrern" die „klicks" bekommen und damit natürlich viel Geld verdienen, und das schon sowieso total verblödete Volk noch verblödeter wird. Man kann es nicht aufhalten, auch wenn angeblich 90% der „postings" anhand der Algorithmen die „fakes" oder Verschwörung Theorien sind, automatisch erkannt und gelöscht werden, obliegt es aber trotzdem den Firmen was nun gelöscht wird oder nicht! Wie Einstein schon sagte: Die Dummheit ist sicher unendlich von den „Sechs Kategorien" die es in der Menschheit gibt.

Paul Horner, ein Satiriker, aus den USA / Arizona hat eine Geschichte erfunden, wo er einen Bericht über einen Demonstranten gemacht hatte, der behauptet hat, er hätte 3500.- US$ bekommen, um gegen Trump zu demonstrieren. Er hat geglaubt, da er auch dabei eingeflochten hat: *„Aktivisten gesucht, Politik Kenntnisse und*

Kampferfahrung von Vorteil", das sich die Geschichte selbst demaskiert und als „lächerlich" erklärt. Nun es ist ihm das schlimmste passiert was einem Satiriker passieren kann, die Geschichte wurde ernst genommen! Und das obwohl unter der Schlagzeile stand: *„Die Geschichte ist nicht wahr ihr Idioten!"* Nun trotz allem, wurde diese Geschichte von den ferngesteuerten Selfidoten, auf Face Book, Whats app, Twitter und was es sonst alles für die ferngesteuerten Nasenbohrer an „social Medias" gibt, Hunderte Millionen mal geteilt und weiter gesendet. Sogar Trump konnte diese komplett lächerliche und erfundene Story, sogar für seinen Wahlkampf nutzen.

Mich erinnert das an meine Zeit bei der Bezirkszeitung zurück, wo wir eine Kolumne hatten, mit dem Titel: *„Die unglaublichen Wiener Geschichten"** und obwohl am Titel mit einem „*" gezeichnet war, wo dann unter dem * am Ende des Artikels zu lesen war: *„ * Diese Geschichten sind frei erfunden."* Nur das verblödete Volk ist nie fähig, auch was wirklich zu lesen, geschweige denn, bis zum Ende, und somit bekamen wir einmal auf die Geschichte: *Das man versucht die Tauben in der Großfeldsiedlung heimisch zu machen, sie mit Gewichten an den Füßen daran hindern will, weite Distanzen zurück zu legen, und somit in der Großfeldsiedlung bleiben müssen!* Ich persönlich würde dort auch nicht freiwillig wohnen wollen, aber das steht ja hier nicht zur Debatte. Jedenfalls liefen am nächsten Tag die Telefone heiß, viele Tierschützer haben sich über Tierquälerei beschwert und sogar den Tierschutzverein angerufen. Also so funktioniert es eben mit „fake News" auch, und mit 90% der verblödeten Menschheit, egal in welchem Land es ist.

Am 14.5.2020 hatte unser Bundeskanzler Kurz einen kurzen „Auftritt" im Klein Walsertal, wo natürlich auch ein paar „Fans" gekommen sind um ihn zu begrüßen. Natürlich von Distanz halten war keine Rede mehr, worauf sich natürlich die Opposition Parteien fürchterlich aufregten. Die meiner Meinung nach, unnötigste Partei die NEOS, wollen sogar eine Anzeige machen, was ja noch lächerlicher ist, denn was kann eine Partei sein, die einen Strolz als Obmann hatte, der nun zwar weg ist, aber mit einer TV Show leider schon wieder zu sehen und hören ist? Ich weiß zwar nicht wer sich einen Strolz überhaupt ansehen will, es ist auf jeden Fall ein Publikum das sich „Im Gemeindebau“, „Geschäft mit der Liebe“ usw. ansieht und eigentlich keine Wahlberechtigung haben dürften.

Mir ist jedenfalls Kurz und sein Auftritt egal, aber er kann ja dort nicht mehr sagen als: „Bitte Abstand halten.“ Was er auch gemacht hat, dafür aber von dem verblödeten Volk nur ausgelacht wurde, und dafür will man ihn nun anzeigen? Es zeigt nur eines, das die Regierung an sich mit den Bestimmungen doch nicht so unrecht hatte. Es zeigt, daß man ein verblödetes Volk sicher nicht in Eigenverantwortung lassen kann. Man hat zwar Leute mit 600.-€ bestraft die ihre Freunde besuchen wollten, nur die haben Glück, die Strafen müssen sie doch nicht bezahlen, weil es rechtlich nicht haltbar ist.

Aber was ist dann mit dem GIS? Man wird zu einem Verbrecher, wenn man sich einen Fernseher kauft und keine GIS bezahlen will, auch wenn man gar nicht vor hat einen ORF zu sehen. Wieso können solche Gesetze halten? Man wird wie im „dritten Reich“ mit einer Zwangsmitgliedschaft zum GIS und einem Vertrag mit dem ORF gezwungen, zu einem Vertrag den man nie unterschrieben hat, noch in irgendeiner Form ein Mitsprache Recht hat. Wenn ich für Sendungen einer Fernsehstation bezahlen will, die sich dann noch frecher Weise als unabhängig bezeichnet, aber vom Staat gefördert wird. Und dann sicher nicht für eine vertrottelte Werbung die vom ORF gezeigt wird, und von diesen Werbeeinschaltungen noch viel Geld einnimmt, geschweige denn für Fußball, Dancing Stars oder den Eurovisions Songcontest, von dem ein paar Kategorien immer noch glauben, daß es da ums Singen geht. Also wenn ich für etwas bezahlen muß, dann will ich mir die Sendungen aussuchen die ich sehen will und nicht damit vom ORF „beglückt“ werden, wo ich mir dann Werbung mit einer „Putz“ Familie mit Laienschauspieler von einem Möbelhaus ansehen muß, von der ich dann Albträume bekomme! Wenn ich einen Vertrag mache und dafür bezahle, dann sehe ich das was ich will und ohne Werbung! Wenn ich die Werbung akzeptiere, dann sehe ich mir private Sender an, für die ich aber auch nicht bezahlen muß!

Zu einer anderen „Corona Info“ von einem Freund, der eine Firma mit über 250 Leuten hat, wo ein großer Teil davon in Kurzarbeit ist, hat jetzt wieder ein Corona „Versprechen" bekommen, daß er das Geld für die Kurzarbeit, was natürlich schon von ihm ausgelegt wurde, bis Ende Mai endlich bekommen soll, er aber dafür schon im März angesucht hatte! Der Kredit von 500.000 € den er sofort bekommen sollte und vom Staat dafür gebürgt und gefördert wird, wurde auf einmal von der Bank von ihm verlangt, das er davon selbst 20% garantieren und bürgen muß.

Nun ist Staatssekretärin Ulrike Lunacek zurück getreten, weil sie angeblich für die „Kultur" zu wenig gemacht hat, und man sie dafür buchstäblich „gesteinigt" hat. Dazu meine Meinung, da mir auch Fr. Lunacek vollkommen „wurscht" ist, aber was will man eigentlich? Im Theater, Oper, Kino, Kabarett oder sonst wo, sitzt einer auf dem anderen und ist sicher keine gute Idee für ein Volk ohne Eigenverantwortung, das es ja oft genug bewiesen hat, zu solchen Veranstaltungen zu zulassen. Was jetzt die Gelder betrifft, die für eine manchmal sehr fragwürdige „Kultur" oder wie man sie bezeichnen will, an die „Künstler" auszahlen soll! Nun meine persönliche Meinung ist folgende: Man kann natürlich das „Schuhplattlern" als Kultur bezeichnen, aber ich würde es eher als Tradition bezeichnen und ich glaube, daß es kein großer Verlust wäre, wenn es diese Tradition nicht mehr gibt.

Zu Künstler, die eine „akustische Umweltverschmutzung" wie ein Lied wie „Gordula Grün" von sich geben können, dann noch von einem mir unverständlichen Publikum angehört wird, so etwas als Kultur zu bezeichnen ist eigentlich unverschämt! Oder sollen wir z.B. einen Andreas Gabalier unterstützen, der mit seinen Konzerten Millionen verdient hat? Aber was jetzt die Musikszene betrifft, was hier in Österreich vorgestellt wird, da trifft sicher meine 90:10 Regel voll zu. Denn obwohl ich schon 70 Jahre „jung" werde, höre ich immer noch sehr gerne gute Musik, wobei hier natürlich der Spruch:

$$\textit{„De gustibus non est disputandum"}^{18}$$

voll zutrifft. Aber was jetzt so vorgestellt wird, und ich mich frage wie diese „Künstler" lebendig aus einem Tonstudio entkommen konnten,

---

[18] Über Geschmacksfragen lässt sich nicht streiten.

dann frage ich mich schon, wieso man die denn unterstützen soll? Nun ich habe lange in meinen jungen Jahren als DJ meinen Lebensunterhalt verdient, und natürlich auch Schallplatten gesammelt, von denen ich ein paar Tausend Stück hatte. Aber jetzt kann ich, wenn ich ehrlich bin, nicht in Versuchung kommen, auch nur eine Platte oder CD kaufen zu wollen, noch würde ich es vom Internet runter laden, was ich persönlich total ablehne. Jedenfalls sind von diesen „Ergüssen" die hier vorgestellt werden, wo wirklich schon jeder „Nasenbohrer" eine CD rausbringen kann, nicht wert jemals an die Öffentlichkeit zu kommen. Sie sind eher eine Zumutung für jeden der irgendwo einen Geschmack für ein Lied oder Musik hat, was aber bei den sechs Kategorien sicher nicht mehr der Fall ist, sonst hätte ja auch eine „Conchita" nie auf einer Bühne stehen können, was ja alles über solch ein Publikum aussagt.

Am fürchterlichsten sind die von manchen Fernsehstationen als „Musikexperten" agierend, wer auch immer sie dazu gemacht hat, vorgestellten neuen Liedern, wo ich mich frage, warum stellt er sie überhaupt vor? Auch wenn es so fragwürdige „Künstler" wie Madonna sind, die zwar wieder halbnackt in einem Video herumspringt, aber man, oder besser gesagt „ich" gerne darauf verzichten könnte. Jetzt kommt noch, Dank Corona dazu, daß jeder „Künstler" zu Hause komponiert und es werden Lieder vorgestellt, wo ich mich früher nie getraut hätte, sie in der Diskothek zu spielen, da mir die Gäste sicher Aschenbecher an den Kopf geworfen hätten. Nun aber werden sie vorgestellt und als „cool" bezeichnet was aber bestenfalls „lauwarm" ist, wenn ich schon solche verblödeten Ausdrücke verwenden will. Jetzt werden auf einmal „Künstler" gezeigt, von denen ich noch nie in meinem Leben gehört habe, die bestenfalls in einem Gasthaus in „Hinterstinkenbrunn" aufgetreten sind, aber natürlich wie alle Vollkoffer jetzt schon eine CD heraus gebracht haben. Warum auch immer sie uns das antun? Die sollen jetzt unterstützt werden? Wieder frage ich warum? Denn wenn das alle Künstler sind, dann könnte ich mich ja auch als „Schriftsteller" bezeichnen und mich beschweren, daß ich so wenig von meinen Büchern verkaufe! Nur ich bin genau so wenig ein Schriftsteller, wie die Künstler, Sänger oder Kabarettisten sind, und somit haben diese unnötigen 90% dieser „Künstler" keinerlei Berechtigung von irgendwo Geld zu bekommen. Eigentlich müßten sie dafür zahlen, daß sie jetzt in sehr zweifelhaften Sendungen überhaupt vorgestellt werden.

Anscheinend ist jetzt jeder lieber ein „Künstler", wenn es auch nur „Scheiße" ist was er von sich gibt, und will davon auch noch leben. Bitte mit was für einer Berechtigung? Nur ist es sehr zweifelhaft, ob man diese „Kunst" was da produziert wird zum Leben überhaupt braucht? Ich denke eher nicht! Es werden immer weniger Handwerker, aber dafür Computerspezialisten, Webdesingner, Videospiele Programmierer, usw., weil man dem verblödeten Volk anscheinend alles verkaufen kann, was man sicher nicht zum Leben braucht. Wieder eine Bestätigung, daß es nur mehr eine morallose konsumorientierte Gesellschaft gibt, die eigentlich nicht sehr viel weiß, was wirklich dafür nötig ist um glücklich zu leben, sicher ist dazu keine APP noch ein Smart Phone dafür notwendig. Nur leider wird es bei den sechs Kategorien immer mehr zu einem Status Symbol, wie es auch schon immer das Auto war.

Ähnlich geht es mir mit dem Verlangen, das ja eher primitive Publikum bei einem Fußballmatch in ein Stadion zu lassen, wo dann ein paar tausend Fans, herum schreien und aufeinander „picken" und diese sicher nicht in Eigenverantwortung entlassen werden können. Mir ist natürlich klar, daß unser System, wie schon bei den Römern, dieses Volk braucht, sonst könnten ja auch die Politiker nicht existieren, und somit auch hier das Motto:

„Panem et circenses"[19]

Nur wenn ein Fußballverein, Millionen für einen Spieler bezahlen kann, was meiner Meinung genau so vertrottelt ist, wie für ein „Rembrandt" Bild Millionen zu bezahlen, dann soll er doch seinen Spieler verkaufen, oder hat er jetzt bei „Corona" damit ein Problem, weil in keiner kaufen will? Ich weiß natürlich, daß ich mir hier ein paar Todfeinde mache, aber von meiner Warte aus gesehen, brauche ich Fußball genau so dringend, wie eine Warze am Hirn, genauso wie den ORF. Es bleibt natürlich dem verblödeten Volk überlassen was sie tun wollen, und wer sich in der Masse bei einem Fußballmatch oder einem Donauinsel Fest wohl fühlt. Da kann ich nur wieder Einstein zitieren:

---

[19] Brot und Spiele

„Wer sich in einer Schafherde wohlfühlt, muß vor allem ein Schaf sein"

Leider wird meine Einstellung immer mehr bestärkt, wenn ich mir die restlichen 90% meiner Mitbürger ansehen muß. Ich werde immer mehr zu einem grantigen alten „Weltverdruß", weil ich an den sechs Kategorien verzweifle. Zum Glück kann ich mich am Berg von der restlichen Welt relativ gut abschotten, und brauche meine hier freiwillige Quarantäne nur für notwendige Einkäufe und mit Hund spazieren zu gehen verlassen, und nur mit ein paar Wenigen, die ich mir aber aussuchen kann, Kontakt haben, was mich sehr befriedigt und glücklich macht. Mit meiner Mindestrente, könnte ich mir Theater, Konzert oder Museums Besuche sowieso nicht leisten. Was die Auswahl von den Lebensmittel betrifft, habe ich noch weniger ein Problem, denn in den letzten Jahren auf unseren Reisen am Segelboot in den Bahamas, West Indies, Trinidad und Venezuela, haben wir hier selbst bei den vertrottelten Hamsterkäufen des verblödeten Volkes, immer noch 90% mehr als wir bei uns im Supermarkt in Petite Matinique zur Auswahl hatten. Warum Leute WC Papier kaufen ist mir unklar, denn wenn sie denken könnten, dann wüßten sie ja, wenn sie nichts mehr zum Essen haben weil alles aus ist, dann haben sie auch nichts mehr zum heraus gacksen! Also der Hamsterkauf eher nicht nötig war!

Rückreise von Petite Martinique/Grenada im Corona Wahn!

Nun die vorletzte Nacht an Bord war nicht „ohne". Gabriela hatte durch den Streß vor der Heimreise und den Corona Nachrichten, kurz vor Mitternacht „Herzraßen" und der Puls war relativ hoch, aber es beruhigt sich dann alles wieder, aber ich konnte natürlich nicht mehr einschlafen, weil ich aufpaßte, ob Gabriela schläft und nicht wieder in Streß kommt. Somit lag ich mit den wirrsten Gedanken was alles sein könnte, wenn wir wirklich in eine Situation kommen, wo wir schnell einen Arzt brauchen würden, die restliche Nacht wach. Unser Dingi war schon an Deck verstaut und bis wir hier in Petite Martinique in der Nacht Hilfe von einem Doktor bekommen könnten, wäre es sicher zu spät. Jedenfalls führten mich dann meine Bedenken zu dem Entschluß die Schiffsglocke ab zu montieren und mit zu nehmen, was ich auch tat.

Nun für „nicht" Seeleute wird es nichts bedeuten, aber für echte Fahrtensegler ist eine Schiffsglocke nicht nur ein verpflichtendes Warnsignal das an Bord sein muß, sondern was wichtiger und tiefsinniger ist, sie ist die *„Seele des Bootes"*! Im übertragenen Sinne bedeutet es die Aufgabe des Schiffes, was ich damit auch tat, und somit nichts mehr mit *„Capitano di tutti Capitani"*. Vor allem, da ja eine Reparatur unserer „Key of life I" nicht mehr möglich ist, und ich einsehen muß, daß ich in Grenada, das ja doch noch „Dritte Welt" ist ohne „Gesetz und Ordnung", wie in unserem Fall nie Geld für unseren Schaden bekommen werde.

Am Donnerstag den 12. März 2020 fuhren wir mit der kleinen Fähre „Sanchez" nach Hillsborough / Carriacou und weiter mit der großen Fähre „Osprey" nach Grenada. Obwohl natürlich die Nachrichten vom „Corona Virus" auch in Grenada überall im Tagesgespräch waren, trug natürlich niemand eine Maske. In St.Georges legte auch noch ein Kreuzfahrtschiff an und vergangenen Samstag war in St. Georges noch ein „Maas" ähnlich wie ein Faschingsumzug, wo natürlich Tausende auf einem Haufen und sicher ohne Masken waren. Wir blieben über Nacht in unserem Guesthouse Tamerinque und erfuhren auch noch, das in Barbados bereits der Flughafen alle Flüge die von Italien kommen gesperrt hat, und schon ein Quarantäne Lager für Passagiere eingerichtet ist, für eventuelle mit Corona infizierte Passagiere.

Am Freitag den 13. März 2020, der für mich sicher nicht als Unglückstag gilt, da ich weit entfernt von abergläubisch bin, sind wir in Grenada am Maurice Bishop Airport mal in der Abflughalle mit ca. 600 Studenten zusammen, die alle nach den USA /Miami zurück geflogen wurden. Natürlich hatten da nicht einmal zehn eine Maske und wir waren mehr als dichtgedrängt, es gab teilweise keine freien Sitzplätze mehr. Da ihr Flug nach Miami Verspätung hatte, unser Condor Flug aber pünktlich war, kamen wir noch zu dem zweifelhaften Vergnügen mit den 600 Studenten bis 20 Minuten vor unseren Abflug zusammen zu sein. Wie wir später dann erfahren haben, war das der vorletzte Flug von Condor, die dann eine Woche später ihren Betrieb wegen Corona bis Oktober einstellte.

Wir landeten pünktlich in Barbados, wo das Flugzeug, angeblich wegen Corona sogar besser gereinigt werden soll. Uns wird das Fieber gemessen, bevor wir mit mehr als 200 Leuten in Schlange stehen können und alles inklusive Handgepäck und Computer im „sekier i di" Point, durchgecheckt wird. Natürlich brauche ich nicht zu erwähnen, das da niemand eine Maske trug. Unser Flug ging relativ pünktlich ab, und an sich landeten wir problemlos am Samstag den 14. März in Frankfurt, wo allerdings schon mehr Leute eine Maske trugen. Unser Flug nach Wien mit Lufthansa war nicht „gecancelt" worden und war noch „on time". Allerdings waren an der Anzeigetafel ca. 15 Flüge der Lufthansa „gecancelt" sogar nach Luxemburg, nicht nur nach England und den USA. Wir hatten noch Glück und kamen gut nach Schwechat, wo wir sogar noch im Cafe am Flughafen mit Gabrielas Bruder und meinen Freund „Schluchz" (Heinrich) der uns abholte, einen Cafe trinken konnten. Es war ja zu diesem Zeitpunkt noch möglich, da die Lokale erst um 1500 zusperren mußten, und bald danach alles geschlossen wurde.

Wir begaben uns sofort freiwillig in unser Haus am Berg in Klosterneuburg, in Quarantäne, wo wir zwar 260 Stufen hinauf gehen müssen, aber dafür isoliert vom Rest der Welt in Ruhe leben können und ich wieder einmal Zeit und Lust zum Schreiben gefunden habe. Nun gingen schon Monate vorbei und wir sind bis Dato zum Glück von Corona verschont geblieben. Wir haben dann sogar noch einmal am Sonntag den 15. März am Scheiblingstein ins Restaurant zum letzten Mal Mittagessen gehen können, bevor alles für Monate schließen mußte, wo wir unsere „Shiva" auch genannt „La Bestia", die ja zwei Monate in Feinfeld N.Ö. im „Countryhof" im Hundeheim war, wieder in Empfang nehmen konnten. Die Wiedersehens Freude war nicht nur bei uns groß sondern auch Shiva hat uns wieder erkannt und wollte uns fast zu Tode schlecken.

Der Corona Wahnsinn artet immer mehr aus!

Ich finde wieder einmal „Muse" um an meinem Buch weiter zu schreiben, da wir an einem regnerischen Tag am Berg sitzen und ich mich immer mehr über die „Blödheit" der Menschheit wundere. Gestern am 4. Juni 2020 in Wien sind angeblich an die 50.000 Menschen zu einer Demonstration zusammen gekommen mit Schildern, wo natürlich in Englisch *„Black lives matter"* darauf stand. Die Nachrichten sind wieder einmal voll mit Berichten über die Übergriffe der Polizei in den USA die zum Tod eines „Schwarzen" geführt haben, was sicher alles andere als richtig ist und verurteilt gehört. Aber nur wer wirklich im „Micky Maus" Land für längere Zeit gelebt hat, wird verstehen warum dort die Polizei teilweise so vorgeht, denn bei der Kriminalität die dort herrscht, kann jedes „rücksichtvolles" Vorgehen eines Polizisten seinen Tod bedeuten. Also sicher ist das ein sehr zweischneidiges Schwert um darüber ehrlich und objektiv zu berichten.

Jedenfalls dürfte es nach den Bildern, wo eben tausende Menschen OHNE Sicherheitsabstand und meistens ohne Gesichtsmaske dichtgedrängt durch die Straßen ziehen, keinen Corona Virus mehr geben. Natürlich werden diejenigen, falls es zu einer neuen Welle kommt und wieder ein „shutdown" bevorsteht, wieder am lautesten schreien wie ungerecht unsere Regierung und System ist. Man sieht die Bilder von den USA, wo die Leute nicht nur demonstrieren sondern Plünderungen und Zerstörung von anderer Leute Eigentum von denjenigen als „gerechtfertigt" angesehen wird, was es aber sicher nicht ist. Was für mich belustigend ist, sie bringen nun Geschichten ans Licht, wie wenn es was Neues wäre, daß es in den USA Lokale gibt wo nur Schwarze verkehren und in anderen Lokalen nur Weiße! Was soll das? Es war immer so, und wird auch so bleiben, denn auch in Wien gibt es Lokale wo nur Türken oder andere Migranten verkehren und ich, wenn ich da reingehen würde, erstens kein Wort verstehen würde, noch willkommen wäre. Ich würde aber sowieso in solche Lokale nicht freiwillig reingehen und das hat sicher nicht mit Rassismus zu tun. Vielleicht sollte man bedenken, das auch keine „Schwarzen" in ein von vielen „Weißen" frequentiertes Lokal auf einen Cafe oder Trink gehen wollen. In diversen Jazzclubs oder Discos hatte man aber nie Probleme und alle „Rasen" waren friedlich nebeneinander, wie auch sonst in vielen Lokalen und Restaurants. Warum also suchen sich die „Berichterstatter" jetzt gerade solche Lokale heraus? Es ist der Boulevard Journalismus wie er jetzt für das verblödete Volk produziert wird.

Warum ich immer vom „verblödeten" Volk rede ist leicht zu erklären, nicht nur weil es sich die diversen TV Serien ansieht, sonder sich in Face book, Twitter, Instagramm, Whats App mitteilen, und wo sich 35 Millionen verblödete ferngesteuerte Vollkoffer, ein „schwarzes" Bild teilen und es an andere, die sie anscheinend für genau so blöd halten, weiter senden. Damit wird unnötige Energie für Server aufgewendet auf das man gerne verzichten könnte. Natürlich nützen die Corona Krise auch alle aus um sich mitzuteilen, weil natürlich die TV Stationen den sechs Kategorien sagen, sie sollen ja viele Bilder senden und sagen was sie so in der Corona Zeit machen, um noch mehr Infos von den Ferngesteuerten zu bekommen. Und auf einmal bekommen „Promis" von denen ich noch nie etwas gehört habe, wieder „likes" auf ihren Social Media Seiten. Nur interessiert mich nicht was ein Ex-Fußballer tut, noch ein „Kelchfresser" irgendwo in Österreich, und noch weniger seine Bilder von ihm und seiner Familie. Wieso sollte mich das denn interessieren?

Wenn wir nicht schon nicht genug an APPs für die „sechs Kategorien" haben, kann jetzt jedes Kind zusätzlich noch die „Lehrer Loisl" APP runter laden. Damit man auch weiß, was die Nachwuchs Ferngesteuerten wie, wann und wo machen. Lauter Infos die wir freiwillig in dieses System abgeben und da trauen sich manche noch über Datenschutz reden. Nicht nur das unsere Jugendlichen nicht fähig sind einen ganzen Satz in fehlerfreien Deutsch zu schreiben, wird überall mit englischen Ausdrücken herum geschmissen. Ich lasse es mir einreden, wie z.B. in Malta die zwei Amtssprachen haben, Englisch und Maltesisch, wobei dort die Leute um 90% mehr Nationalstolz haben als wir verbliebenen Österreicher. In Malta verwendet man eben ein Wort, (obwohl man versucht dort nur maltesisch zu reden), wie *„Pulley"*[20], aber nur weil es in Maltesisch kein Wort für Riemenscheibe gibt. Aber warum sollte denn unsere Jugend anders reagieren, wenn unsere verblödete Regierung Wörter wie „Task force" einsetzt? Sind wir im Micky Maus Land oder in Österreich? Wieso müssen wir Worte wie *„Bashing"*[21] verwenden? Haben wir keine deutschen Wörter dafür, oder hört sich das für die Nasenbohrer besser an, auch wenn sie gar nicht wissen was es bedeutet? In der Freistunde vom ORF, macht man eine Sendung was „Liebe" unter Jugendlichen bedeutet und hat ein großes Plakat mit der Aufschrift:

„FUCKING COMPLICATED"

---

[20] Pulley engl. Riemenscheibe
[21] Bashing engl. Jemanden runter machen, oder nieder machen,

Na bringt das was für unseren Jungendlichen? Hauptsache es ist was in Englisch, warum sollen wir denn Deutsch reden?

Dann sagen sie dem Volk, sie sollen Abstand halten, so weit wie ein „Baby Elefant" groß ist! Wie vertrottelt ist dieser Mensch gewesen dem das eingefallen ist, und derjenige der zuließ, daß dieser Slogan an die Öffentlichkeit gebracht wurde. Ich habe zum Glück mit meinen Besuchen in „Sri Lanka" (Ceylon) mehrmals Baby Elefanten in nächster Nähe gehabt und gesehen, und weiß somit wie groß die eigentlich sind. Nur haben 90% der Österreicher sicher keine Ahnung wie groß ein Baby Elefant wirklich ist. Also wieso kann man da kein einheimisches Tier nehmen? Das ist genauso so blöd wie die „Task force" und die Leute bekommen noch Geld für solche verblödeten Ideen.

Noch unverständlicher ist, was man da für Regeln für die Musikschulen aufstellte. Musikschule ist Ländersache -also 9 verschiedene Varianten in unserem Staat und in weiterer Folge zumindest in NÖ, die der jeweiligen Gemeinde… (im Gegensatz zum Bgld., da sind die MS-Lehrer vom Land selbst angestellt und haben wieder andere Verträge)

Beschlüsse und Vorgaben orientieren sich aber nach jenen des Bundesministeriums für Unterricht, zuständig für die Pflichtschulen z.B. Anstellungsverträge, Ferienzeiten, diverse Maßnahmen, etc. Sie werden aber meistens als Richtlinien nicht als „Befehl" verkauft. Da kann also der eine oder andere Bürgermeister noch einmal eingreifen, was aber meist nicht geschieht, da das Land NÖ ja ein Drittel des Schulgeldes der Musikschulen fördert und somit niemand den Geldgeber vergraulen will.

Als Corona begonnen hat, sind die Musikschulen zeitgleich mit den anderen Schulen und Kindergärten mit 16. März geschlossen worden und es wurde Online-Unterricht und Dokumentation aller Aktivitäten betreffend Schülerbetreuung, Kontakte mit Eltern, Arbeiten für die Schule von den Gemeinden gefordert, da ja auch monatlich für den Unterricht gezahlt wird (Höhe der Beiträge von Gemeinde zu Gemeinde verschieden, je nach Gemeinderatsbeschluß). Man wußte ja auch nicht wie lange der „Lockdown" dauern würde und brauchte eine Grundlage um über eventuelle Reduzierung des Schulgeldes während dieser Zeit beraten zu können. (wird natürlich auch wieder von Gemeinde zu Gemeinde verschieden gehandhabt)

Das Bundesministerium hat natürlich große Töne geschwungen, daß technisches Equipment zur Verfügung gestellt wird, sollte man etwas brauchen. Letztlich blieb es aber wieder an den Gemeinden hängen, die sowieso knapp bei Kasse sind, weil sie die laufenden Kosten der Musikschule wie Miete, Betriebskosten, Reinigungspersonal und vor allem die Lehrergehälter ja in voller Höhe weitertrugen, obwohl das Schulgeld vorerst einmal ausgesetzt wurde und man erst mit Ende Juni schaut, was dem einzelnen Schüler verrechnet werden wird.

Also da noch ein Handy einfordern oder Kosten für erhöhtes Datenvolumen wäre zwar theoretisch möglich gewesen, aber in Hinblick auf mögliche Umstellung auf ein Kurzarbeitsmodell nicht in Erwägung zu ziehen- da kann man auf die paar „Kröten", die man im Monat mehr zahlen hätte müssen, (was letztlich nicht notwendig war, da die Handybetreiber nichts verlangt haben für die Umstellung auf unlimitiertes Internet zum selben Preis, wie vorher) und es ist dann besser wenigstens 100 % Gehalt zu bekommen!

Als dann mit 18. Mai wieder der Schulbetrieb sukzessive möglich war, richtete man sich ebenfalls nach den Bestimmungen von Anschober und Fassmann. Die wollten ja allmählich das Werkel wieder in Gang bringen und zu viele Schüler in der Schule vermeiden durch Staffelung zuerst Maturanten, dann Unterstufe, dann Oberstufe, etc. immer mit ca. 14 Tage Abstand. Darüber hinaus eine 50% Ausdünnung der Personenzahl im Unterricht, indem 2 Gruppen pro Schulklasse gebildet wurden. Entweder gab es die Regelung „A-B-A-B-A" und die Folgewoche „B-A-B-A-B" pro Tag oder Mo-Mi Gruppe „A" und Do. und Fr. Gruppe „B" die Woche darauf umgekehrt. Weiteres Maskenpflicht in den Schulen ausgenommen in der Klasse. Abstandsregeln, Hygienehandbuch, etc. All das wurde auch vom Land für die Musikschulen als Richtlinien, bzw. „Empfehlung" weitergegeben, allerdings, von wegen Empfehlung, es sollte flächendeckend, gleichzeitig und ident erfolgen.

Absurdität dabei ist, daß Musikschulunterricht bis auf Ensemble, Bandprojekte oder Orchesterarbeit *IMMER* Einzelunterricht ist. Das heißt 1 (Ein) Lehrer, 1 (Ein) Schüler in einer Klasse. Das heißt auch gleichzeitig höchstens ein paar Kinder, die am Gang aneinander vorbei in Richtung Klasse gehen oder sie verlassen. In Hinblick auf das was so in den Pflichtschulen oder Kindergärten zu diesem Zeitpunkt bereits los war, ein Witz.

In NÖ gibt es auch nur eine relativ geringe Zahl an Gemeinden, die sich ein eigenes Musikschulgebäude leisten können, oft auch nur eine Anzahl Zimmer. Da gibt's auch unterschiedlichste Zustände von sehr gut bis Unterricht im „Besenkammerl". Alles nicht so einfach, da befremdet es umso mehr, wenn pro Musikschulklasse vom Land ein eigenes Waschbecken und entsprechende Raumgröße vorausgesetzt wird um wieder den Betrieb aufzunehmen. Grad die sollten ja anhand ihrer ständigen Statistiken wissen, wie es zugeht, je nach Instrumentengruppe wird eine Mindestklassengröße gefordert. „Sehr lustig", woher für so manche Gemeinde nehmen, wenn nicht stehlen? Für Früherziehung (Kindergartenalter) sollten pro Kind überhaupt 9 m² eingehalten werden, Unterricht am Fußballfeld?

Bläser und Sänger durften überhaupt erst mit 3. Juni in den Realunterricht wiedereinsteigen. Dabei ist ja auch da nur ein Lehrer und ein Schüler in einer Klasse! Also wozu? Mit Anfang Juni ist die Maskenpflicht gefallen. Jetzt ist mit 15 Juni wieder der 100 % Realunterricht möglich. Das Ganze aber wieder vom Land nebulos verbalisiert, da nur an bestimmten Standorten das Ganze praktiziert werden soll, ohne, daß man diese weiter definiert. Alles in allem keine Glanzleistung, wenn auch verständlich ist, daß man sich nichts vorwerfen lassen will und daher übervorsichtig agiert hat.

Das „Abstand" halten will man dem verblödeten Volk in „Eigenverantwortung" überlassen! Das schon alleine ist eigentlich „verantwortungslos", denn es ist nicht fähig dazu. Nicht nur die Demonstration „Am Platz der Menschenrechte" hat das wieder deutlich gezeigt, wo dann übrigens am nächsten Tag wieder eine große Demo war, wo wieder Tausende Leute zum größten Teil ohne Maske, dicht an dicht auf der Straße waren. Wir sind zufällig wieder einmal auf einen schnellen „Snack" zu Mac Donald reingegangen. Jeder kennt die kleinen Tische wo eine Person auf der Bank sitzen kann und der andere Gegenüber auf einen Sessel. Nun bei uns in Klosterneuburg mußten sie natürlich auch die Corona Regeln einhalten nachdem man endlich aufsperren durfte. Nun stellten sie drei kleine Tische nebeneinander und am mittleren Tisch klebte ein runder Aufkleber mit einem Durchmesser von einen halben Meter, also auch von einem „Blinden" zu sehen, mit der Aufschrift:

„Bitte Abstand halten und diesen Tisch nicht benützen!"

Hier war wieder die „Eigenverantwortung" deutlich zu sehen. Obwohl genug Platz war, hat sich eine ca. 25 Jahre alte Frau mit einem Mann, (also sicher keine Kinder) genau auf diesen Tisch, wo sonst links und rechts von dem gesperrten Tisch mit Abstand ohne Probleme andere Personen Platz nehmen könnten, gesetzt. Was geht nun in diesen Köpfen vor, wenn sie nicht einmal die einfachsten Regeln für absolut verblödete einhalten können? Sagt sowas nicht alles zur „Eigenverantwortung"?

Natürlich gibt es auch genug die unsere Regierung anschuldigen hier zu „hart" durch gegriffen zu haben, was ich aber ausnahmsweise als richtig empfunden habe. Wie es ja die Blödheit unseres Volkes zeigt das man sicher nicht in „Eigenverantwortung" lassen kann. Man sollte nach Frankreich schauen, wo ich von unseren Freunden die in der Nähe von Nizza leben, erfuhr, daß alle Cafes und Restaurants in Nizza noch geschlossen waren. Aber bei uns in Österreich durfte man, natürlich mit „Regeln" wieder in Lokale gehen. In Frankreich mußte man, wenn man mit dem Auto mehr als 100 km von seinem Wohnort weg war, sofort pro Person 135.-€ Strafe bezahlen. Also waren wir ja noch gut dran, oder nicht?

Man schafft es nun sogar aus der „Pflicht" eine „Tugend" zu machen, oder sagen wir eher ein Geschäft. Denn man kann dem ferngesteuerten Volk im TV einreden, daß sie nun um 30.-€ eine „Stoffmaske" kaufen sollen. Da können sie zeigen welchen „style" sie haben. Bitte wie sehr muß man da schon ins Hirn geschissen bekommen haben, um den Ratschlag von solch einer Modefuzzi zu folgen? Wenn es nicht schon genug wäre, daß man beim Merkur für eine Maske „einen

Euro" bezahlen mußte, wo doch Merkur eher zu den teureren Märkten gehört, aber beim Lidl, wo wir „Flachgeister" eben auch einkaufen, bekam ich die Maske und Handschuhe umsonst und das Wagerl wurde desinfiziert. Ich kann dann die Handlungen von einem Merkur Markt nicht so ganz verstehen, wenn Hofer oder Lidl ein besseres Kundenservice hat!

Noch dazu ist die Qualität beim Merkur gar nicht so gut wie dafür geworben wird. Der letzte Schweinebraten war nach 3,5 Stunden im Rohr noch immer zäh und nicht leicht zum Beißen. Das Schwein dürfte einen Marathon gelaufen sein. Meine Beschwerde später, die ich beim Fleischhauer an der Theke vom Merkur machte, brachte eigentlich keine Erklärung warum das Fleisch zäh war. Nur wenn ich mehr bezahle als bei dem Diskonter, dann würde ich wirklich eine gute Qualität erwarten können! Aber das mit der Qualität ist in Österreich sehr breitgefächert und wird nicht so wirklich kontrolliert. Wie z.B. unser Fleischhauer im Dritten Bezirk in der Kleistgasse, der auch eine Art Imbiß dabei hatte, (ob der Ausschank wirklich genehmigt war oder nicht, weiß ich leider nicht) habe ich eigentlich nie gesehen, ob da wer kontrolliert hätte. Im Verkaufsraum vor der Theke, wo das Fleisch und Wurst offen in der Vitrine lag, saßen die Leute und rauchten und tranken Bier. Das kümmerte niemand, er hatte auch am Sonntag geöffnet. Nach Monaten wurde der Laden endlich einmal geschlossen, um nach ein paar Wochen unter einem anderen Namen „Ützelbrütz", Kalorowitsch" oder ähnliches, wieder aufzusperren, wo dasselbe Spiel weiterging. Es dauerte Jahre bis der Laden endgültig geschlossen wurde. Nun bin ich sicher wieder ein Rassist, nur da drinnen saßen sicher keine gebürtigen Österreicher sondern nur Migranten die sich um Österreichische Gesetze eher einen Sch… kümmern. Aber die Gesetze wieviel sie vom Sozialamt oder AMS zu bekommen haben, kennen sie genau. Warum nun in Geschäften von Migranten, die „Gäste" drinnen vor den Vitrinen rauchen dürfen und auch spät Abends und Sonntags offen haben dürfen ist mir unklar, vor allem da die Geschäfte in der Lugner City am Sonntag nicht öffnen dürfen!

Aber wie man sieht, verlieren wir nicht nur unsere Sprache und somit auch unsere Kultur, es gibt schon weniger original Burenwurst Kioske, oder wie man in Wien sagt: „Burnwiaschtlstandl". Dafür nehmen die „Kebab" Geschäfte logarithmisch zu, was deutlich zeigt wer in Wien nun die Oberhand übernimmt. Aber auch da hat sich gezeigt, wie die kontrolliert werden. Nun sind endlich einmal in Linz ein paar Kebab Geschäfte untersucht worden, wobei das Ergebnis eher schockierend ist. Obwohl ja schon vor längerer Zeit mit „Gammel" Fleisch die Nachrichten voll waren, hat man jetzt von „zwölf" Proben die man genommen hat, fest gestellt, daß „fünf" nicht nur ungenießbar waren sondern sogar gesundheitsschädlich und mit Fäkalien Keimen verseucht. Na da bedanke ich mich bei den ausländischen Gästen und ihren Speisen, auf die ich gerne verzichten kann, und bleibe bei der „Käsekrainer" mit einem „Scherzl".

Da nun in der Corona Krise viele Leute auf eigentlich sowieso unnötiges verzichten mußten, griff man in der Dokumentation bei NEWTON das Problem mit Wasser sparen auf. Sie testeten mit einer Frau, wie es wäre wenn man nur 20 Liter Wasser pro Tag zur Verfügung hat. Für mich (und auch meiner Frau) eigentlich lächerlich, denn wir haben ja 30 Jahre auf Segelbooten gelebt, also stand da Wasser sparen an der Tagesordnung, und hier haben die Leute ein so großes Problem damit? Mir kommt diese Dokumentation genauso vor, wie die Tests, wo eine Familie auf „Alexa" verzichten muß, oder andere Vollkoffer nicht ohne ihr Handy auskommen können. Da will man doch diesen „Menschen" nicht nur Corona, sondern die Pest und Cholera an den „Hals" wünschen, damit sie endlich einmal begreifen würden, was man zum Leben wirklich braucht und wichtig ist.

Ich möchte wissen wie viele Leute dann verzweifeln würden, wenn sie wie ich, hier im Haus in Klosterneuburg am Berg leben müßten? Da ich weder ein Migrant, Flüchtling oder Asylant bin, habe ich, obwohl ich schon vor zig Jahren um eine Wohnung angesucht habe, bis Dato noch keine von der Gemeinde Klosterneuburg bekommen. Leider ist mein Haus auch nicht, wie es im Gesetzes Text so schön heißt: „Nicht erhaltungswürdig", da es im „Grüngürtel steht" weshalb ich auch kein Wasser bekomme. Da ich es aber vom Segelboot gewöhnt bin, sammle ich das Regenwasser und lasse es über zwei Filter laufen, davon ein Aktivkohlefilter und habe zum Duschen und Geschirrspüler genug fast reines Wasser. Nur das Trinkwasser muß ich auch mit meinen nun 70 Jahren im Rucksack immer zehn Liter (also mindesten 10 kg) die 260 Naturstufen rauf tragen. Ich frage mich, wieso sie dann eine Doku über jemanden machen der mit 20 Liter feinsten Trinkwasser auskommen muß?

Die Frage was man nun wirklich zum Leben braucht, könnten nicht einmal die größten Philosophen beantworten. Denn wenn ich so sehe, daß sich nicht nur Jugendliche tätowieren lassen, nur weil es ein Justin Biber tut, nein, tätowieren wurde ein „Modetrend" für alle ferngesteuerten Nasenbohrer die herum laufen. Früher in alten Kulturen war es vielleicht ein Erkennungszeichen, welchen Stand die Person in ihrem Stamm hatte. Bei den Seeleuten war es wahrscheinlich in Mode, weil sie unendlich viel Zeit auf ihren Reisen hatten und ihnen fad war. So auch sicher im Gefängnis, wo man sich tätowieren ließ um zu zeigen woher man kam. So wenigstens die „Drei Punkte" zwischen Daumen und Zeigefinger in der Hautfalte hatte, auch „Strizzi[22] Punkte" genannt, wo dann jeder Polizist sofort erkannte, welch „harter" Kerl da vor ihm war. Die Bedeutung war wie die Statuen von den „Drei Affen" die sich, Mund, Augen und Ohren zu hielten, nämlich:

„Ich habe nichts gesehen, nichts gehört, und ich sage nichts"

Nur heute haben nicht nur hunderte von Prominenten, wenn man sie als solche betrachten will, für mich sind 90% weit entfernt prominent zu sein, (sie kommen gleich nach den Politikern) am ganzen Körper an den unmöglichsten Stellen Tätowierungen. Millionen von „Ferngesteuerten" machen es ihnen nach, was aber paßt, denn da sind wir wieder zurück bei den Affen, die auch alles nachmachen.

Wieso dann manche glauben mit ihrer Tätowierung etwas außer gewöhnliches gemacht zu haben, ist mir noch mehr unklar. Denn er hat wie die Ratschläge von einer „Modetussi" vom TV genau dasselbe gemacht wie Millionen von ferngesteuerten Nasenbohrer in der restliche Welt. Denn was soll denn eine Tätowierung bedeuten, wenn es jeder Buchhalter, Hausmeister, Hausfrau und Hilfsarbeiter schon trägt? Wenn sie wenigstens „Biker" wären, wo es in diversen Motorrad Banden, warum auch immer, wichtig war sich tätowieren zu lassen. Aber man kann diesen „Vollkoffern"

---

[22] Strizzi, wienerischer Ausdruck für Zuhälter

ja auch einreden sich eine zerrissene Jean zu kaufen, die teurer ist als eine ohne Loch. Und da gibt es keine Altersbeschränkung, diese „Mode bewußten“, meiner Meinung nach absolut verblödeten Menschen gibt es überall. Ich kann nur hoffen, daß dies nicht ansteckend ist wie Corona ist. Wie schon Einstein sagte: „Man muß ein Schaf sein, um sich unter Schafen wohl zu fühlen“!

Einen großen Vorteil hatte Corona auf jeden Fall für die online Shops, wo sich der Umsatz um hunderte Prozent steigerte. Jedenfalls haben selbst da die Österreicher keinen Nationalstolz gezeigt. Denn wieder wurde mehr bei Amazon eingekauft, als in österreichischen Geschäften. Ebenfalls stieg der Umsatz mit den Internetanbietern und die Tablets gingen weg wie „warme Semmeln“, weil nun fast an alle Kinder welche verschenkt wurden, damit sie mit „E–learning“ am Laufenden sein können. Nur etwas hat mich schon verwirrt, denn ich kann mich erinnern, das vor Corona immer wieder Meldungen kamen, das Kinder und Jugendliche zu viel Zeit am Computer, Laptop, Smart Phone und div. Spiele Konsolen verbringen und sogar dafür eben neue Krankheiten wie den „Pseudoautismus“ erfunden wurde. Nun aber in der Zeit wo diverse Einschränkungen von der Regierung vorgegeben wurden, da wollten auf einmal alle ins Freie und wurden über Nacht total Natur verbunden!

Dank Corona, geriet sogar der Ibiza Skandal mit Strache und Gudenus etwas in den Hintergrund, wo man ihm eine Falle stellte und mit einer angeblich russischen Oligarchin, stundenlange Videos aufnahm und ihm den Vorwurf von Postenschacher machte. Wie wenn das nicht seit Jahren von jeder Partei die ans „Ruder“ kommt gemacht werden würde, und es nie anders gewesen ist. Warum er den Vorschlag machte, daß sie die „Kronen Zeitung“ kaufen sollte, ist mir unklar. Denn ich würde die „Kronen Zeitung“ genau so wenig kaufen wollen, wie die „Heute“ oder „Österreich“, geschweige denn, will ich sie lesen. Da die Leser solcher Zeitungen zum größten Teil auch zu jenen gehören, die sich die schon angesprochenen Fernsehserien ansehen, würde ich sie gar nicht als Wähler haben wollen, geschweige denn als Leser von meinem Buch, denn da gilt sicher wieder die Aussage von Jean Jacques Rousseau:

„Hüte dich denjenigen die Wahrheit zu sagen, die nicht imstande sind sie zu begreifen"

Aber man kann natürlich dem verblödeten Volk alles verkaufen. Sei es jetzt im „Media Shop" im Fernsehen, wo sie den Leuten sogar einreden können sich um über 40.-€ ein Paar Socken zu kaufen, die sofort ihre Leistung steigern, Rückenprobleme heilen und alle möglichen Medikamente sofort unnötig machen und man sie nicht mehr einnehmen muß, wenn man diese Socken trägt. Natürlich gilt das Angebot nur mehr heute, das „Heute" hält zum Glück der ferngesteuerten Käufern, Monate lang an, also gute Chancen doch noch zu einem Paar Socken zu kommen. Die Blödheit mit der man Leute zu irgendwas überzeugen kann, tut schon richtig weh, wenn man da zusehen muß.

Noch leichter geht es mit der Esoterik den Leuten Geld aus der Tasche zu ziehen. Sie sind sogar überzeugt davon, daß es was für sie gebracht hat. Aber wie sagte man schon immer:

„Der Glaube kann Berge versetzen"

Und eines ist sicher, glauben ist leichter als denken. Sonst könnte keine Religion existieren und mit ihr millionen von „Schafen" fernsteuern. Wir holen uns sogar eine Religion wie den „Islam" nach Österreich, wo dann eine Frau keine Rechte mehr hat, und ein Mann Familienoberhaupt ist der vorher noch in einer Höhle gewohnt hat und einen IQ etwas über den IQ eines Nylonsackerl hat. Dieser bestimmt aber nun in Österreich über seine Familie Frau und Tochter. Und Österreich gibt Rechte auf, die von Frauen in früherer Zeit schwer erkämpft wurden, und wir werden mit Blutrache, Zwangsheirat und Familienfehden konfrontiert, und haben den Krieg zwischen diversen Völkern, wie Syrien, Afghanistan, Iran, Irak, Türkei und Kurden zu uns nach Österreich geholt und die Kriminalität stieg stark an, wie wenn wir nicht schon Probleme genug mit österreichischen Kriminellen haben.

Nur leider kann man natürlich von keiner zuständigen Stelle die Namen bekommen, die in Österreich hinter Einbruch, Autodiebstähle, Handyraub, Überfälle, Bandenkriege, Raub, Gewalt in Familie bis zu Mord stehen. Da wird natürlich Datenschutz angegeben, aber ich würde viel darauf wetten, daß der Hintergrund Migranten, Asylanten und Flüchtlinge sind, die wir in Österreich als „Gäste" aufgenommen haben, die aber unsere „Gastfreundschaft" mit Füssen treten. Die Namen werden wie die Welträtsel wahrscheinlich immer ein Geheimnis bleiben, so wie schon 1872 Dubois Reymond zu der Unlösbarkeit der Welträtsel sagte:

„Ignoramus et ignorabimus"[23]

Warum sollten sie die Namen auch preisgeben? Man will doch nicht etwa „Öl ins Feuer gießen" damit das Volk vielleicht doch hinter die Wahrheit kommt, und dann auf die Barrikaden steigt, wenn sie einmal anfangen zu denken! Nun, weil sie ja bei den jetzigen Demos mit Schilder herum laufen wie: *„Rassismus ist keine Meinung, sondern ein Verbrechen"* und somit werde ich sicher wieder zu einem Rassisten gestempelt. Aber da ich mit 600 „Schwarzen" auf Petite Martinique zusammen gelebt habe und ich nie ein Problem mit anderen Rassen hatte, denn sonst hätte ich nicht dort ein Grundstück kaufen, eine Pyramide bauen und dort das *„ECC"*[24] errichten wollen. Siehe www.Ankh-Refugium.com Nur, jetzt muß ich sogar sagen, zum Glück hat dieses Vorhaben nicht geklappt, da man da deutlich den großen Unterschied zwischen unserer Kultur und der von der „dritten Welt" in Grenada. Wir wären mit unserer Projekt dort mit „fliegenden Fahnen" unter gegangen, wie ich ja in meinem letzten Buch von meiner Trilogie „Unter dem Key of life" mit dem 3.Teil „Der vorletzte Kontinent" detailliert berichtet habe.

Jedenfalls glaube ich nicht, daß es irgend etwas mit Rassismus zu tun hat, wenn man die Wahrheit berichtet. Ich will nicht schon wieder Humbold zitieren. Aber wenn jemand in diesen Ländern war, von wo wir unsere „Gäste" bekommen haben, dann wüßte er, wenn diese Situation umgekehrt wäre, und wir in diese Länder flüchten müßten, daß wir dort in keinster Form irgendeine Hilfe erwarten können. Wir müßten froh sein mit dem Leben davon zu kommen! Sicher wäre, wir hätten dort keinerlei Rechte, Frauen natürlich noch weniger, was fast nicht mehr geht. Sicher

---

[23] Wir wissen es nicht, und wir werden es nicht wissen!
[24] ECC Energy center caribic

würden wir nirgends mit einem eigenen Menü-Plan bekocht. Wir würden wahrscheinlich ohne Geld nicht einmal etwas zum Essen bekommen. Wie es z.B.: nicht nur für Ausländer in den Gefängnissen in Venezuela der Fall ist, in Österreich werden die alle noch mit extra Menü bekocht. Man sollte einmal darüber nachdenken, nicht einmal unsere unmittelbaren Nachbarn, die wir so gerne als Urlaubsziel wählen, würden uns „willkommen" heißen, wenn wir dort nicht als Urlaubsgast unser Geld hinbringen.

Um das hier nochmals „klar" zu stellen, es geht hier nicht nur um die „Gäste" aus Ländern wo Krieg herrscht, woran allerdings auch sicher nicht Österreich schuld ist. Sondern um die „Gäste" aus Rumänien, Bulgarien, Serbien, Tschechien, Slowakei, Mazedonien und was nun halt noch alles zur EU gezählt wird. Die alle kommen zu uns, sicher nicht weil sie uns so lieb haben und deshalb Österreicher werden wollen! Nein, sie kommen zu uns, weil sie in ihren Heimatländern weniger Geld verdienen und bei uns eine bessere gesundheitliche Versorgung haben. Also wieso sollen wir nun diese „Gäste" eigentlich aufnehmen und versorgen, wenn es ihr eigenes Land nicht für sie macht? Wieso nehmen wir solche Länder in einer EU auf, die uns nur Geld kosten, obwohl wir mit unserer eigenen gesundheitlichen Versorgung und Budget selbst genug Probleme haben?

Wie verblödet wir sind zeigt ja genau, daß ein Österreicher der zum IS ging um mit denen zu kämpfen, dann aber mit einer Schußverletzung nach Österreich zurück kam um die Wunde behandeln zu lassen und sogar 12 Monate die Arbeitslose, so um die 12.000 Euro, in Österreich kassierte. Man kann ihm seinen Reisepaß nicht wegnehmen und er bleibt weiterhin ein Österreicher. Also wenn in unseren Gesetzen nicht der „Wurm" steckt und wir nicht total verblödet sind, wer ist es dann? Das anscheinend auch Österreicher unser System ausnützen können und nicht nur unsere „Gäste" beruhigt mich auch nicht besonders.

Nur wenn wir dann betrachten was die Gäste bei uns machen, und das ohne dabei rassistisch zu sein, dann möchte ich mich wiederholen und einen Teil von meinem Buch „Zum Denken verurteilt" aus dem 16. Kapitel „Österreich heute" einflechten:

Bleiben wir gleich bei meiner alten Firma und den Minderheiten, wo ich ein paar Geschichten erlebt habe, die nicht in den Tageszeitungen gebracht werden und aufzeigen, welche Rechte wir „gebürtige" Österreicher in unserem Land haben. Unsere Firma hatte nicht nur mit Panzerwagen den Werttransport, sondern auch Personenschutz und bewaffneten Sicherheitsdienst mit den diversen Einsätzen. Ein paar unserer Einsatzgebiete, die wir hatten, möchte ich hier aufzeigen, weil sie von der Polizei nicht gemacht werden und dafür mit eine Menge Extra Kosten mit unseren Steuergeldern private Firmen angeheuert werden müssen.

An der Donau gibt es seit langer Zeit die Entlastungsrinne mit der Donauinsel, einem großen Erholungsgebiet entlang des 21., und 22. Bezirks das sich sehen lassen kann. Dieses Gebiet wird von vielen Wienern ausgenützt. Man kann nicht nur Baden, sondern alle anderen Aktivitäten in einer hoffentlich noch relativ sicheren Umgebung betreiben. So gibt es auch mehrere Grillplätze. Da nun unsere Stadtverwaltung natürlich auch weiß, daß wir zu 90% nur die „fünf Kategorien" Leute haben, hatten sie die Idee, für die Grillplätze auch Feuerholz zur Verfügung zu stellen. Ausnahmsweise eine gute Idee, da sonst die Vollidioten und Vandalen wahrscheinlich den Baum und Buschbestand in kürzester Zeit vernichtet hätten, um ihre Lagerfeuer zu machen, was trotzdem noch oft genug passiert, und so viel Polizei gibt es gar nicht, um das in dem großen Gebiet verhindern zu können. Hier sind wir nun schon bei dem Punkt, den ich ansprechen will.

Man kann nun bei der Stadtverwaltung für einen bestimmten Tag gegen eine geringe Gebühr einen Grillplatz auf der Donauinsel mieten und bekommt für diesen Tag von der Gemeinde auch genügend Holz für den Grill und Lagerfeuer angeliefert, um die umliegende Natur zu schützen.

Nun möchte ich vorwegnehmen, die folgende Situation passierte nicht nur einmal, sondern am laufenden Band.

Viele Leute nützten diesen angebotenen Dienst aus und bezahlten die kleine Gebühr, um ihre Partys oder Geburtstagsfeiern abzuhalten, zu denen natürlich auch viele Freunde eingeladen wurden. Nun passierte es aber leider immer öfters, daß, wenn nun die Gäste um 0800 eintrafen, der Grillplatz und das dazu gehörige Areal bereits mit einer Familie von Jugoslawen oder Türken besetzt war, die bereits das Holz verbrannten, das ihnen aber nicht gehörte. Verständlicherweise wurde nun auch der sanfteste Wiener zum Rassisten, vor allem wenn dann die „Auslandsösterreicher" im gebrochenen Deutsch zu einem sagten:

„Du gehen scheißen, wir hier Erste gewesen"!

Nun die Argumente, daß man den Platz bereits Wochen vorher bestellt und bezahlt hatte, nützten hier wenig, und auch die Bestätigung, die man in der Hand hatte, daß man an diesem Tag für den Platz die Berechtigung hatte, konnte man sich in den Arsch schieben. Nun standen diese Leute, die den Platz bestellt hatten, auf verlorenen Posten, denn jede jugoslawische oder türkische Familie, die dort wie die Heuschrecken einfiel, bestand ja meistens aus 30 (dreißig) Personen, und somit waren die gebürtigen Wiener eher immer auf der Verliererseite. Natürlich gab es genug Wiener, die sich das nicht gefallen ließen, wodurch es zu vielen Schlägereien kam, bei denen etliche Personen von den Jugos und Türken mit dem Messer angegriffen wurden und öfters ins Spital mußten. Natürlich wurde hunderte Male die Polizei gerufen, die aber nichts dagegen unternahm oder nichts unternehmen wollte. Es nützte auch nichts, wenn klar festgestellt wurde, wer berechtigt war, denn auch die Polizei wollte sich nicht gegen die Türken oder Jugoslawen stellen. Vor allem wenn sie etwas härter durchgreifen würden, würde natürlich auch sofort die Polizei als Rassisten bezeichnet werden, die gegen die „arme" Minderheit brutal durchgriffen! Da diese Situationen überhandnahmen, und immer öfter Polizeieinsätze notwendig wurden, schaffte es verständlicherweise die Polizei nicht mehr, nur für die Grillplätze ihre Einsatzfahrzeuge zur Verfügung zu stellen. Sie hatte ja eigentlich wirklich anderes zu tun, als sich mit den „Gästen" aus dem Ostblock herumzustreiten und sich beschimpfen zu lassen. Als einzige Alternative hatte man dann einen privaten Sicherheitsdienst mit unseren Steuergeldern zu beauftragen, um die Rechte unserer eigenen Leute zu schützen. Unsere Firma machte das, aber niemand war darüber erfreut solche Einsätze zu haben, denn wir wurden noch ärger beschimpft als die Polizei, und natürlich durften auch wir nichts Ernsthaftes unternehmen, um nicht gleich als Nazi oder Rassist in den Medien angeprangert zu werden. Ich weiß nicht, wie die Situation heute ist, aber es hat sich sicher nichts geändert, und ich frage mich, wie kommt ein Österreicher zu seinem Recht ohne einmal durchzudrehen und auf die Barrikaden zu gehen, bevor es einmal zu einem echten „Blutbad" kommt? Ich glaube nicht, daß man über diese Vorfälle viel in unseren Boulevardblättern gelesen hat.

Fazit dieser Sache: „Ich bin mit dem Boot an die 20 Jahre in der jugoslawischen Adria unterwegs gewesen und glaube daher, daß ich mit Recht behaupten kann, die Situation und die Menschen dort zu kennen. Ich habe viele jugoslawische Freunde in den diversen Häfen und auf den Inseln und verstehe mich gut mit allen, da ich immer versuchte, ihre Sitten und Gebräuche zu respektieren. Auch wenn ich am Boot immer nackt umherlaufe, wäre es mir nie eingefallen, in einem kleinen Hafen, wo wir anlegten nackt zu gehen, denn ich weiß, daß speziell die ältere Bevölkerung römisch-katholisch ist, und es dort eben nicht üblich ist, nackt baden zu gehen. Ich hätte wahrscheinlich große Probleme bekommen, wenn ich es trotzdem gemacht hätte, nicht nur, daß ich wahrscheinlich auf das Ärgste beschimpft worden wäre, hätte ich sofort die Hafenmole verlassen müssen oder ich hätte eine fürchterliche Tracht Prügel bekommen, und sicher hätte mir keine Polizei dabei geholfen, das steht fest. Was aber passiert wäre, wenn ich IHR Holz gestohlen hätte, auch wenn sie dafür kein Geld bezahlt haben, um meine Lagerfeuer zu machen, das kann sich auch der „Dümmste" ausrechnen, und sicher hätten mir dann nicht einmal meine Freunde helfen können! Warum? Weil die Jugoslawen sicher nicht so „saublöd" sind wie wir Österreicher und sich alles gefallen lassen müssen, vor allem nicht in ihrem eigenen Land"!

Das nächste Einsatzgebiet von uns war ein Park hinter der Stadthalle im 15. Bezirk, auch hier machte die Polizei keine Einsätze mehr, und sie wurde von unserer Firma übernommen. In diesem Park, traurig genug für unser Land, hörte man fast kein Wort in Deutsch mehr. Er war von Jugoslawen und Türken okkupiert, und ein österreichisches Kind hatte keine Chance dort zu spielen, da es von unseren ausländischen „Gästen" vertrieben wurde, von vereinzelten Fällen abgesehen. Da es auch in diesem Park zu vielen Übergriffen kam, und sich die gebürtigen Wiener beschwerten, fuhr die Polizei dort keine Einsätze mehr, und es wurde wieder unsere Firma mit zwei Mann eingesetzt, die mehrmals täglich auf Kosten unserer Steuergelder ihre Einsätze fuhren und auf Streife gingen. Natürlich machte auch das keinen Unterschied, und es änderte sich nichts daran, daß in dem Park nur Jugoslawen, Türken und Polen „einheimisch" waren! Wir waren aber sicher nicht der einzige private Sicherheitsdienst, der diese Art von „Schutz" in Wien oder Österreich ausführte. Aber wer will denn schon gerne hören, daß unsere Behörden eigentlich gegen die „Übermacht" aus dem Ostblock machtlos sind? Aber auch diese Geschehnisse werden natürlich nicht in den Medien breitgetreten, um nicht „Öl ins Feuer zu schütten". Nur irgendwann wird es zu spät sein und vielleicht werden auch wir Einheimischen einmal zum Nachdenken

anfangen? Hoffentlich ist es dann nicht zu spät, und wir müssen anfangen Jugoslawisch oder Türkisch zu lernen, um uns in Österreich zu integrieren!
„Lieb Vaterland magst ruhig sein“!
Wie sagt man auch so schön: „Jeder Wurm krümmt sich, wenn er getreten wird“ Und irgendeinmal wird es auch für den geduldigsten Österreicher nur mehr ein ULTIMA RATIO[25] geben, um sich vor solchen Gästen zu schützen! Nur, ob es dann noch friedlich über die Bühne gehen wird, ist fraglich.

Nun ich habe hier das nicht eingeflochten um das Buch zu strecken, sondern zu zeigen, daß wenn man in einem Land aufgenommen wird, egal ob nun Migrant, Asylant oder Flüchtling, sollte ich mich dementsprechend benehmen, und unsere Kultur respektieren und sich den einheimischen Sitten anzupassen und wenigstens versuchen Deutsch zu lernen. Es sollte nicht jahrelang in den nun schon angeblich „eingebürgerten“ Familien nur Türkisch, Serbisch oder sonst etwas gesprochen wird, weil das Familienoberhaupt nie unsere Sprache lernen will, nur unser Geld nimmt, und wir dann unsere eigenen Kinder in privat Schulen geben müssen wo man auch wirklich Deutsch spricht und nicht durch Kinder die fast kein Deutsch sprechen in den Klassen schon die Oberhand gewinnt und unsere eigenen Kinder im Lernprozeß stark behindert werden. Zufällig sah ich bei der „Milborn“ wo eine unserer Ministerinen die auf „Puls 24“ aussagte, daß 52% der Kinder, Deutsch nicht als ihre Muttersprache haben. Also wen könnte es noch wundern, daß hier der Unterricht für unsere eigenen österreichischen Kinder auf das ärgste behindert wird.

Weil ich mir die Welt angesehen habe und somit auch weiß, wie weit in anderen Ländern mit Kindern umgegangen wird, die dort in die Schule gehen müssen. Wir kennen ein Deutsches Ehepaar auf einem Segelboot die in Venezuela vor Anker lagen. Da sie lange Zeit dort waren, gingen die Kinder von ihnen in Venezuela in die Schule. Eines war dort sicher, auf sie wurde in der Klasse sicher keine Rücksicht genommen, geschweige denn hätte es dort in der Schule irgend jemand zugelassen, daß sie die venezolanischen Kinder am Lernen behindert hätten. Das ist eben der Unterschied von uns und dem Rest der Welt, nur wir in Österreich sind

---

[25]   lat. letztes, äußerstes Mittel

so blöd und lassen es zu, unsere eigenen Kinder zurück zu stellen, statt für sie da zu sein.

Nun gibt es im Internet eine neue Plattform, wo sich tausende „Prominente" die man sonst eigentlich auch nicht sehen will, vorstellen und sagen, daß sie gegen Rassismus sind. Nur warum man alles sofort mit Rassismus bezeichnet ist mir unklar. Denn wenn Leute im Internet, dem Zufluchtsort von Chaoten und auf diversen Plattformen auf „andere" Leute losgehen, warum auch immer, sind ja nicht unbedingt Rassisten sonder nur einfach „Volltrotteln". Noch dazu wird immer die „eine" Seite von Rassisten gezeigt. Ich weiß aus Erfahrung, daß es wesentlich größere, wenn nicht genau so viele Rassisten gibt, die gegen andere Rassen sind. Darunter sind sicher „Schwarze" und noch sicherer „Juden", die niemals zulassen, daß „nicht" Juden in ihre Gemeinschaft „eindringen" können. Stark zu sehen war das schon früher bei Heiraten. Nur anscheinend sieht das niemand und will auch gar nichts darüber berichten. Die Medien berichten eigentlich nie darüber, daß z.B. die Juden nicht gerade die Palästinenser, denen sie zwar ihr Land wegnehmen und Mauern dazwischen bauen, (wogegen die Berliner Mauer, um es im Wiener Dialekt zu sagen, „ein Schaas" war, und nicht einmal Trump so eine hohen Mauer bauen wollte) nicht gerade zu ihren Freunden zählen. Dort besteht wirklich Rassismus in Höchstform.

Ich habe ja öfters die „social media" angesprochen, wo natürlich am besten ein breites Publikum von Ferngesteuerten angesprochen werden kann. Genau wie mit diversen Videospielen, egal ob für Kinder oder Erwachsene die Erste APP dafür, natürlich gratis runter geladen werden kann, und sich in kürzester Zeit sogar von Kinder um 100.-€ div. „tools" gekauft wurden um in die nächsten Level zu gelangen und viele Eltern verzweifeln ließen. In diesen Medien haben es dann natürlich die diversen, die sich „Esoterik Medium" nennen, leicht ihr Geld zu machen. Sei es nun der Kroate BRACO der für drei Minuten in die Runde schauen, von tausenden Ferngesteuerten 5.-€ Eintritt verlangt. Viele glauben an so etwas und reisen hunderte Kilometer an um ihn schon zum zehnten Mal anzusehen. Da ist es ja klar, daß ich denen auch ein Paar Socken um 40.-€ verkaufen kann.

Hier ist es genauso wie die unzähligen Mythen über den Mond, bzgl. Haareschneiden, Dauerwelle hält länger, oder Holz bei Vollmond geschnitten ist besser. Es ist egal für solche Leute, auch wenn es noch nie *empirisch*[26] bewiesen wurde, daß es nichts nützt. Diese Leute werden immer noch daran glauben, weil eben 90% aus den sechs Kategorien der Menschheit bestehen. Auch wenn der sogenannte *„Andersmensch"* so auf die Naturverbundenheit plädiert und in Höhlen übernachtet, was anscheinend seine Anhänger fasziniert, scheut er sich aber nicht jede nur mögliche „Ecke" der sozialen Medien auszunützen um seine „Fans" zu ködern. Sei es mit Webseite, Face book, Instagram, Whats app, Twitter oder was es sonst noch gibt! Was diese Medien mit der Naturverbundenheit zu tun haben, frage ich mich schon. Aber Hauptsache ist, wie bei allen Esoterik Anbietern, daß damit Geld gemacht wird. Auch wenn es bei manchen nur um Spenden geht, weil sie sich natürlich gratis zur Verfügung stellen. Das finde ich richtig, denn ihnen zuzuhören oder zuzusehen, wird „umsonst" sein, wie bei manchen der Schulbesuch, auch wenn er gratis in Österreich ist, bleibt er bei manchen „umsonst"!

Was Twitter so bei den ferngesteuerten Selfidoten anrichten kann, versuchen sie jetzt zu bekämpfen. Angeblich hat man auf Twitter 170.000 „fake" news gelöscht, die Corona im Hintergrund hatten. Es wurden natürlich auch Medikamente gegen Corona angeboten. Aber für mich erhebt sich natürlich die große Frage: Wer bestimmt dann eigentlich darüber, was ist „fake" und was ist „wahr"? Was man in den Nachrichten und speziell in diversen Plattformen so bringt, ist immer mit Vorsicht zu genießen. Denn wenn hundertausende Leute mit „klicks" eine Plattform in „social media" weiterleiten, wo man sogenannte „Teacup" Hunde zeigt, die nun gezüchtet werden, wo man eigentlich genau das Gegenteil der Voraussetzungen für eine Zucht macht. Es werden degenerierte und schwache Hunde weiter gezüchtet damit sie „klein" bleiben und somit von Geburt an, degeneriert und auf Krankheiten anfällig sind. Damit man diese Hunde nun auf anderen Plattformen den „Selfidoten" und anderen Kategorien zeigen kann und diese auch noch solche Videos anklicken und auch noch weitersenden und „liken". Ich nehmen mir die Freiheit, solche Leute nicht nur in meine sechs Kategorien einzuordnen, sonder nenne sie

---

[26] Empirisch: wissenschaftliche Erfahrung

schlicht und einfach „Arschlöcher". Da diese Hunde sogar mehrere tausend Euro kosten und können sich deswegen eher nur sogenannte Prominente diese Hunde leisten, die sich auf den Plattformen im Internet damit präsentieren. Natürlich versuchen dann hundertausende ferngesteuerte Vollkoffer es nachzumachen und so etwas „liken" und weitersenden. Dann nenne ich sie eben „prominente Arschlöcher"! Aber die wirklichen Verbrecher sind die sechs Kategorien die sich sowas ansehen und die Plattformen die es zulassen, so etwas ins Internet zu stellen.

Man sieht dann in den Medien wie ein „start up" Unternehmer der mit seiner Fitness APP zum Millionär wurde, weil sich hundertausende Ferngesteuerte seine APP runter geladen haben, daß er eine „neue" Idee hat, die er nun wieder an die „Selfidoten" verkaufen kann. Nur frage ich mich, wieso kann er so etwas als neue Idee verkaufen? Denn er stellt nun eine APP vor, mit der man seinen Hund oder Katze über diese APP am Smart Phone „tracken" kann. Er stellt sie vor, wie wenn das etwas Neues wäre oder er es erfunden hätte. In meinem Buch „Unter dem Key of life" im 3.Teil, „Der vorletzte Kontinent" kann man nachlesen, wie wir für unsere Taucher in Petite Martinique schon 2015 ein Tracking System auf die Beine stellen wollten. Wir nannten es *„REDGI"*[27], wie ein Freund von uns hieß, weil er mit dem Boot gekentert war und 15 Stunden im Wasser trieb. Wir haben uns sogar einen englischen Namen dafür ausgedacht, aber nicht weil wir so gerne englische Namen haben, sonder „REDGI" im englischen Sprachraum verkaufen wollten. Nur das war bereits 2015 und da war es nicht mehr neu, es gab schon dutzende „tracking Systeme" für Smart Phone, PCs oder per SMS Informationen. Also mit welcher Begründung stellt er die APP jetzt als neu vor?

Es erinnert mich an alte Zeiten, wo ich vor zig Jahren als „Procurement Manager" noch für die „Westfield International Corporation" leider auch in Rumänien unterwegs sein mußte, und am Abend im Fernsehen einen Bericht in Deutsch über „Siebenbürgen" gesehen habe. Dort wurde ein kleiner Junge vorgestellt, der seine elektrische Eisenbahn mit einer Solarzelle betrieb. Nur der Bericht war so ähnlich verfaßt wie der vom „Fitness APP" Erfinder. Am Ende bekam man den Eindruck, dieser

---

[27] REDGI Rescue emergency digital global infomation

Junge hatte nun gerade die Solar Zelle erfunden, die es natürlich schon lange gab. Aber wer in Rumänien sollte das denn wissen, wo ein Land Informationen zurück hält und alles zensuriert?

Wenn ich nun auch der Meinung bin, das vieles von unseren, Regierungen, nicht nur der zur Zeit aktuellen, „verblödet" ist, weil viele Sachen die gemacht wurden, sei es nun englische Worte überall zu gebrauchen, obwohl wir in Österreich und nicht im „Micky Maus" Land sind, und eigentlich für alles deutsche Wörter haben, die aber nicht benützt werden, was ja nicht gerade logisch und verständlich ist, wieso man so was macht. Warten jetzt viele Firmen die vor den Ruin stehen auf die versprochene Hilfe wegen „Corona", was aber seit Monaten nicht funktioniert, also im System eben der Wurm steckt, oder nur „Blöde" daran arbeiten, anders ist es ja nicht zu sehen.

Nun wenn ich diese Situation in Österreich sehe, muß ich mich nicht wundern, daß ich auch in der „Dritten Welt" in Grenada keine Hilfe oder Gerechtigkeit erwarten kann. Obwohl ich es nicht extra erwähnen müßte, denn der mündige Leser wird es sich schon gedacht haben, kam von dreizehn Emails an Ministerien, Tourist Büro und Rechtsanwälte kein wirklichen Antworten, noch werde ich dort jemals Gerechtigkeit oder Hilfe erwarten können. Noch würde mir, wie auch in unseren umringenden Ländern gratis ein Dolmetscher oder Rechtsbeistand für meine Anliegen und Rechte zur Verfügung gestellt werden. So wird man auch, selbst wenn man „Bürger" von Grenada geworden ist, von dort in irgendeiner Form Hilfe erwarten können. Auch wenn man als Tourist jahrelang dort gelebt und Geld gelassen hat, kann man von einem „Local" großen Schaden zugefügt bekommen und das Boot zerstört werden. Man bekommt weder den Schaden ersetzt noch wird derjenige dafür bestraft. Also wieso ist man dann ein Rassist, wenn man Fakten und Tatsachen in Österreich aufzeigt wo wir bald weniger Rechte haben hat als unsere „Gäste"?

Das ich natürlich beim BVwG[28] mit meiner Beschwerde wegen der Hundesteuer, wo ich nicht wirklich begriff, warum man die nicht aliquot abrechnen kann und für einen Hund den man nur zwei Monate hat, ein

---

[28] Bundesverwaltungsgericht Wien

ganzes Jahr, also Zwölf Monate bezahlen muß. In der Antwort vom BVwG stand dann, das obwohl man ja unserem System alles über Internet machen soll, damit sie uns besser überwachen können: *Das eine weitere Eingabe nur mehr mit Rechtsanwalt möglich ist, und dafür eine Abgabe von 240.-€ zu bezahlen ist.* Also sicher ist dann niemand so bescheuert, diese Abgabe von 240.-€ zu bezahlen, wenn er dafür die Hundesteuer (Hundeabgabe) fünf Jahre bezahlen kann. Vor allem wenn eine Volksanwaltschaft die Hilfe dagegen vorzugehen bereits abgelehnt hat.

Das Spiel mit dem GIS und den ORF Gebühren ist zwar noch nicht zu Ende, wird aber wahrscheinlich auch so enden, obwohl ich damit noch zum VGH[29] gehen will, und wenn es notwendig ist sogar bis zum Europäischen Gerichtshof. Denn nach diesem, meiner Meinung nach total verblödeten und ungerechten Gesetz vom GIS. ist eigentlich jeder der ein Smart Phone, Tablet, Lap top oder PC, oder einen TV besitzt ein „Krimineller", wenn er keine Gebühren an die GIS bezahlt, da ja jedes dieser Geräte dazu fähig ist TV Programme, also auch den ORF zu empfangen, obwohl man diese „Zwangsbeglückung" gar nicht haben will, noch irgendwo bestellt hat!

Es kann dann sogar ein Mag. Jürgen B. von dem GIS bei meiner Frau ein TV Gerät anmelden, obwohl dort gar keines steht und sie gar nicht zu dem Zeitpunkt in Österreich war und kommt ungestraft davon. Nachdem ich dann meine Frau verteidigt und mit zig Emails bei ihm und dem GIS eine Beschwerde eingelegt habe, die wahrscheinlich nicht einmal genau gelesen wurden, denn anders kann ich die kommenden Rechnungen und Drohungen an meine krebskranke Frau nicht verstehen. Nachdem ich ihm meine Meinung oft genug geschrieben habe, wurde ich von ihm denunziert und wahrscheinlich angezeigt, denn auf einmal bekam ich als <u>EINZIGER</u>, auf unseren Nordhang am Berg, wo außer unserem Haus noch <u>FÜNF</u> weitere stehen, einen RSB Brief mit einer Auskunftserhebung, ob ich ein TV Gerät besitze. Nachdem ich dieses Haus seit 2012 bewohne und gerade jetzt dieser Brief kommt, ist das sicher kein Zufall, daß sie jetzt gerade mich angeschrieben haben. Nun das unser und die anderen Häuser auf einem Nordhang stehen, und somit der Sender Kahlenberg vom Buchberg

---

[29] Verfassungsgerichtshof

komplett abgedeckt wird und wir somit keinen Empfang haben, wird nicht berücksichtigt. Die Techniker von ORF dürften eher Zuckerbäcker als Radiotechniker sein. Man muß bei uns eine Hochantenne von 50 m installieren oder teure spezial Antennen die aber auf dem Millimeter genau eingerichtet sein müssen, um eventuell eine Reflektion vom Ölberg gegenüber einzufangen und nur an einer Stelle im Haus funktionieren, und wenn dann ein Flugzeug in unsere Richtung fliegt, trotzdem das Bild für eine Weile zusammenfällt und gestört ist. Auch die beste Antenne nützt nichts, also ist auch ein ungestörter ORF Empfang nicht garantiert. Also wieso muß ich dann wie alle mit gutem Empfang dieselbe Gebühr bezahlen? Geschweige denn hat da niemand eine Freude wenn er eine Sendung aufzeichnen will, das sollte ja auch der Dümmste der ein solches Gesetz macht und zuläßt, begreifen. Das nur zur „Gleichheit" für alle in Österreich. Allerdings bekomme ich ein paar tschechische Sender, wo die Antennen anscheinend im Norden stehen dürften, sehr gut rein. Nur kann ich darauf verzichten weil ich nicht Tschechisch kann.

Man wird hier vom GIS angezeigt nur weil der ORF angeblich ein Gebiet mit seinem ORF Programm versorgt, obwohl man es nicht will. Ich hätte genug damit wenn ich die privat Sender sehen kann. Also kann ich auf den ORF gerne verzichten, denn die vertrottelte Werbung der „Putz" Familie und div. Möbelhäusern, womit die nicht schon genug verblödete Menschheit „beglückt" wird, kann ich dort ohne Gebühren zu bezahlen, auch sehen! Vor allem, es gibt kein Gesetz in Österreich, das jemanden verbietet einen Fernseher zu kaufen, um daheim eben nur Video Spiele, DVDs oder Video anzusehen, oder damit im Internet zu surfen und Youtube anzusehen, und auf seinen Lap Top auf dem größeren Fernseher zu arbeiten!

Also wenn es kein solches Gesetz gibt, wie kann man dann vom GIS gezwungen werden für einen ORF den man gar nicht will zu bezahlen und vielleicht sogar gerichtlich verurteilt werden? Diese Zwangsmitgliedschaft ist ja ärger als im „Dritten Reich" und ist nur in einer Diktatur möglich, daß ich für einen ORF bezahlen muß der alles andere als „unabhängig" ist, und der Nepotismus[30] bei der Einstellung von neuen

---

[30] Nepotismus, Enkel oder Neffe

Angestellten und Mitarbeitern, seit vielen Jahren praktiziert wird, wie es auch in den div. Parteien immer üblich war und ist.

Nun möchte ich aber zu einem Ende kommen, denn wenn ich in den Nachrichten zuhöre, was hier in dem noch anhaltenden Corona Wahn noch alles passiert und was da hier für Regeln, Ausreden in diesem System und vom Parlament und Regierung eingebracht und aufgestellt werden, würde es eine „unendliche Geschichte" werden, die am Ende auch zu keinem Ergebnis kommen wird, wie es die Regierung jetzt auch verzweifelt versucht, es aber sicher NICHT zu aller Zufriedenheit gelingen kann! Obwohl jetzt irgendeine Studie die von allen Staaten in Europa gemacht wurde aufzeigte, daß wenn die österreichische Regierung NICHT so strenge Regeln gemacht hätte, wo wir bis Dato gerade knapp 650 Corona Tote haben, wir alleine in Österreich 66.000 Tote gehabt hätten. Die Studie gibt aber zu, daß es ein sehr breitgefächertes Ergebnis ist.

Ganz zum Schluß möchte ich trotzdem noch eine Info von privater Natur bringen. Da ja die Statistik schon von Churchill angezweifelt wurde, der gesagt hat:

„Ich glaube nur der Statistik die ich selber gefälscht habe"

Denn die Statistiken die über div. Corona Fälle bekannt gegeben werden, sind sehr flexibel. Die Kontrollen sind eher auf gewisse Punkte fixiert und es nie wirklich mit den Regeln auch funktioniert, weil teilweise gar nicht zu entnehmen ist, wie oder was da gemeint wird. Aus sicherer Quelle weiß ich, daß z.B.: in Kindergärten überhaupt nicht kontrolliert wird, weder Fieber gemessen noch kann natürlich dort nie irgendeine Abstandsregel eingehalten werden, also wenn dann wieder dort solche sogenannten „Cluster" auftreten, denn für so etwas dürften wir auch kein Deutsches Wort haben, dann haben wir die gleiche Situation wie in den Postverteilungszentren, Hagenbrunn und Groß Enzersdorf, wo dann auf einmal an die hundert Angestellte infiziert waren und sogar das Bundesheer einspringen mußte damit die Pakete, wie bei mir mit über zehn Tagen Verspätung ausgeliefert werden konnten.

Nun ich sende an meine Freunde, Bekannte und Clubmitglieder fast Hundert Emails mit Nachrichten. Früher über unsere Abenteuer am Segelboot, jetzt aber eher privater Natur was sich so in unseren Leben am Berg in Klosterneuburg tut, und was wir mit unserer Hündin Shiva auch „La Bestia" genannt erleben; übrigens habe ich für unseren Hund jetzt auch einen hebräischen Ausdruck gelernt, nämlich KELEVRA[31] was manchmal genau für sie paßt. Hoffe es ist jedem Leser klar, daß ich hier alle persönlich kenne und das sicher keine „Face Book" Freunde sind. Jedenfalls habe ich hier alle mit meiner Frage angeschrieben und nach etlichen Erinnerungen per Email sogar von 90% eine Antwort bekommen, mit der ich dann meine private Statistik über Corona Fälle machen konnte, die aber sicher nicht gefälscht ist, denn niemand hatte da einen Grund mich anzulügen.

Meine Frage war: *„Wer von Euch kennt jemanden im privaten näheren Umkreis der Corona hat, aber bitte nur wirkliche Informationen von jenen die ihr selbst kennt, nicht von Erzählungen, daß jemand einen Freund hat der wiederum einen anderen Freund kennt, der einen Schwager hat, der jemanden kennt"*

Nun von den ca. achtzig Personen von denen ich eine Information bekam, kannten sie 17 siebzehn Corona Fälle, mit leichten und starken Auswirkungen. Z.B. war ein Ehepaar dabei, er mit starken Symptomen mußte sogar ins Spital, aber die Ehefrau gar keine Infektion hatte! Leider waren dazu extra auch neun Tote von Freunden und Bekannten.

Natürlich ist es bei einer Statistik nicht leicht, da wirklich eine richtige Information weiter zu geben, denn es gab ja viele die überhaupt niemand kannten, andere aber dafür mehrere, also kann ich da ja nicht einmal sagen, jeder Dritte kannte einen Corona Fall, und jeder Zehnte kannte einen Toten. Das ist eben der Trick, wie Statistik für jeden so ausgelegt werden kann, wie es ihm am besten paßt! (Regierungen und Parteien sind da Spezialisten darin) Noch extra, aber nicht in meiner Statistik angeführt, von einem Freund in einem deutschen Dorf mit 836 Einwohnern waren 50 infiziert, davon ging es zwei sehr dreckig, aber alle

---

[31] Kelevra hebräisch für „böser Hund"

überlebten. Ebenfalls nicht in den vorigen Angaben eingerechnet, kam von einem anderen Freund aus Österreich, der sicher auch vertrauenswürdig ist, die Info das er 15 (Fünfzehn) infizierte kannte und einen Toten!

Das war meine private statistische Erhebung, bei der es mir sicher nichts bringen würde, hier falsche Angaben zu machen. Aber da ich in diesem Buch ja keine Fiktion beschreibe sondern nur Fakten, Tatsachen und die Wahrheit, besteht ja auch kein Grund dafür.

In diesem Sinne wünsche ich allen Lesern, und auch dem Rest der Welt, das ihr von Corona verschont bleibt, der Autor

Erich Beyer

Klosterneuburg 3. Juli 2020

Fazit:

Eigentlich stimmt es mich traurig, daß ich über solche Themen ein Buch schreiben wollte, aber es lag mir auf der Seele und ich mußte mich befreien. Aber wenn eine degenerierte Gesellschaft sogenannten „Influencer" die eher „Influenza" im Gehirn haben, die ihre Kinder mit zig Fotos zur Schau stellen, und jeder „Scheiß" auf „You tube" von den „Selfidoten" und anderen Ferngesteuerten angeklickt und geteilt werden, und sogar mit „likes" versehen werden, und somit noch viel Geld verdient wird, wenn man mit „tik tok" Kühe erschreckt und Idioten das nachmachen mit Liedern die ich als akustische Umweltverschmutzung bezeichne, von dem vertrottelten Tanz gar nicht zu reden. Wie ein Bauer dazu sagte: Euch hat man ins Hirn geschissen! Speziell wenn es dann um Gewaltvideos von Demos und Plünderungen geht, wo sich dann die wirklichen „Untermenschen" die links weitersenden, und sie noch „liken" wo es ja nicht einmal der größte Vollkoffer als richtig empfinden kann, wenn man Geschäfte plündert und Autos anzünde. Dann weiß ich, daß mit solchen Leuten unsere Menschheit auf einem Tiefpunkt angelangt ist, und daran wird auch Corona nichts ändern können. Unsere Erde hat nur eine Chance mit der nächsten Sintflut, denn für Pest und Chloera gibt es ja leider schon Medikamente.

Bücher von mir die noch erschienen sind:

„Zum Denken verurteilt"   316 Seiten Buch ISBN: 9783734751295
E-Book ISBN-13: 9783749414017
https://www.bod.de/buchshop/catalogsearch/result/?q=9783734751295

Unter dem „Key of life" 1. Teil   Buch ISBN-13: 9783743152038
„Weltumsegelung, der 3. Versuch"   476 Seiten davon 75 in Farbe
E-Book   ISBN 9783749414888
https://www.bod.de/buchshop/unter-dem-key-of-life-1-teil-erich-beyer-9783743152038

Unter dem „Key of life" 2.Teil   Buch ISBN-13: 9783743195677
„Bermuda Dreieck und zurück"   280 Seiten davon 86 in Farbe
E-Book ISBN 9783749415595
https://www.bod.de/buchshop/unter-dem-key-of-life-2-teil-erich-beyer-9783743195677

Unter dem „Key of life" 3. Teil   Buch ISBN 9783746016283
„Der vorletzte Kontinent"   436 Seiten davon 254 in Farbe
E-Book ISBN 9783749443215
https://www.bod.de/buchshop/unter-dem-key-of-life-3-teil-erich-beyer-9783746016283